멸종 Extinction

Extinction: A Radical History

Copyright © 2016 by Ashley Dawson

Korean Translation Copyright © 2021 by Secondthesis

Korean edition is published by arrangement with OR Books
through Duran Kim Agency.

멸종

지은이	애슐리 도슨
옮긴이	추선영

1판 1쇄 발행	2021년 5월 12일

펴낸곳	두번째테제
펴낸이	장원
등록	2017년 3월 2일 제2017-000034호
주소	(13290) 경기도 성남시 수정구 수정북로 92, 태평동락커뮤니티 301호
전화	031-754-8804
팩스	0303-3441-7392
전자우편	secondthesis@gmail.com
페이스북	facebook.com/thesis2
블로그	blog.naver.com/secondthesis

ISBN	979-11-90186-13-1 03300

멸종 Extinction

애슐리 도슨
지음

추선영 옮김

놀

7   1 들어가며

21   2 오늘날 세계가 맞닥뜨린 재앙은 어디에서 왔나?

41   3 자본주의와 멸종

67   4 멸종을 저지하려는 움직임

89   5 철저한 보존

103   6 나가며

111   참고문헌

121   감사의 글

122   옮긴이의 말

1 들어가며

난도질당한 얼굴. 약 1.8미터에 달하는 기다란 엄니가 있던 자리는
온데간데없고 퀭한 구멍만 남았다. 멀쩡한 나머지 몸뚱이는 붉은
흙바닥에 엎어져 있다. 곧 독수리의 먹잇감이 되고 말 것이다.
몸뚱이의 주인은 아프리카 코끼리. 이름은 사타오, 별명은 터스커이다.
땅에 끌릴 정도로 긴 엄니를 가진 희귀 품종인 덕분에 사타오는
케냐 동차보 국립공원을 찾은 관광객이 가장 보고 싶어 하는 존재가
되었다.[1]

한편 상아 밀렵꾼 역시 아프리카 코끼리의 아름다운 엄니를 노린다.
큰 이익을 볼 수 있기 때문이다. 상아 밀렵꾼은 독화살을 쏘아
코끼리를 넘어뜨린 뒤 엄니만 도려낸다. 밀렵꾼이 떠난 자리에는
파리가 들끓는 사체만 남는다. 사타오는 아프리카에서 가장 큰
코끼리 가운데 하나였다. 덕분에 오늘날 아프리카 대륙을 휩쓸고
있는 밀렵 광풍에 휘말려 소름 끼치는 모습으로 죽음을 맞게 되었다.
2011년 아프리카 코끼리 2만 5천 마리가 상아를 노린 밀렵꾼에게
희생되었고[2] 그 이후 지금(2016년 현재 기준)까지 4만 5천 마리가

1) Christine Dell'Amore, "Beloved African Elephant Killed for Ivory,"
National Geographic (16 June 2014), http://news.nationalgeographic.com/
news/2014/06/140616-elephants-tusker-satao-poachers-killed-animals-africa-science/.
Bryan Christy, "Ivory worship" *National Geographic* (October 2012),
https://www.nationalgeographic.com/magazine/article/blood-ivory도 참고하라.
[2021년 4월 26일 현재 모두 접속 가능.]

2) Elizabeth Kolbert, "Save the Elephants," *New Yorker* (7 July 2014),
https://www.newyorker.com/magazine/2014/07/07/save-the-elephants
[2021년 4월 26일 현재 접속 가능.]

더 희생되었다. 현재 남아 있는 아프리카 코끼리 두 종(아프리카
코끼리, 둥근귀 코끼리) 가운데 한 종인 둥근귀 코끼리는 2002년 이후
개체수가 60퍼센트 감소했다. 밀렵이 지금 수준으로 계속 성행한다면
둥근귀 코끼리는 10년 내에 아프리카 대륙에서 자취를 감추고 말 것
이다.

얼굴을 잃은 사타오의 사체가 흙바닥에 나뒹구는 모습이 뇌리를
떠나지 않는다. 코끼리라는 생물종이 멸종에 이르지는 않을 것이다.
적으나마 사냥금지구역이나 동물원에서 살아남는 개체가 있을
테니까. 하지만 야생 코끼리 수가 급격하게 줄어드는 현상을 보고
있노라니 시야를 확대해 지구가 직면한 멸종의 더 너른 흐름을
떠올리지 않을 수 없다. 바로 여섯 번째 대멸종이다. 수만 년 전
플라이스토세에 지구에는 눈길을 사로잡는 다양한 대형동물들이
서식했다. 털매머드, 검치호랑이, 덜 유명하지만 역시 이국적이기는
마찬가지인 대형 땅늘보, 자동차만 한 글립토돈 등 각종 대형동물이
세계를 자유롭게 활보했다. 오늘날 이와 같은 대형동물은 대부분
멸종했다. 전부 살해당했기 때문이다. 대부분의 증거에 따르면
학살자는 바로 인간이다.[3] **호모 사피엔스**가 지구 전역으로 퍼져
나가면서, 그들이 지나간 자리에 서식하던 대형동물은 어김없이
개체수가 큰 폭으로 줄어들었다. 생물다양성이 파괴되자 인간은

3) Sacha Vignieri, "Vanishing Fauna," *Science* 345.6195 (25 July 2014): 393–395.

먹이사슬 더 아래쪽에 자리 잡은 생물을 먹게 되었다.[4)]

　사실 인류의 고향 아프리카에는 플라이스토세에 서식했던
생물종 중 일부가 아직 생존해 있다. 끔찍한 죽음을 맞이한 사타오
같은 아프리카 코끼리를 보면 지금껏 버틴 몇 안 되는 대형동물마저
사라질 날이 머지않았음을 직감할 수 있다. 동물 학살 또는 멸종의
대서사시가 종반을 향해 치닫고 있다.[5)]

그러나 코끼리, 코뿔소, 호랑이, 판다 같이 위풍당당한 대형동물만
멸종 위기로 내몰리는 것은 아니다. 전 세계 생물다양성은 크게
줄어들고 있고, 그 원인으로 인간이 지목되고 있다. 곤충과 나비
같은 작은 무척추동물에서 박쥐와 조류鳥類 같이 다양한 육상
척추동물에 이르는 생물종 또한 역대 최고 수준의 멸종 위기에
직면해 있다. 구체적으로 육상 척추동물 중 서기 1500년 이후
멸종된 종은 322종에 달한다. 멸종되지 않은 육상 척추동물도
전 세계에서 그 개체수가 평균 25퍼센트 감소했다.[6)] 무척추동물
개체수도 비슷한 위험에 직면해 있다. 현재의 멸종 속도는 인간이
환경에 상당한 압력을 가하기 전에 비해 적게는 천 배에서 많게는
만 배에 달한다. 연구자들은 현재의 멸종 속도가 재앙이나

4) Edward O. Wilson, *The Future of Life* (New York: Knopf, 2004), 92.
[국역: 전방욱 옮김,《생명의 미래》, 사이언스북스, 2005.]

5) Rudolfo Dirzo, "Defaunation in the Anthropocene," *Science* 345.6195
(25 July 2014): 401–406.

6) Dirzo, 401.

다름없다는 데 대체로 동의한다.[7] 하룻밤 사이 약 100여 종의 생물이
지구상에서 자취를 감추고 있다.[8] 보존생물학자들은 멸종이
이 속도로 계속 진행된다면, 지구상에 존재하는 동식물종 가운데
최대 50퍼센트가 사라질 것으로 예측한다.[9] 뿐만 아니라 각 지역에
서식하는 생물종 역시 가파르게 감소해 전체 생태계가 제대로
기능하지 못하는 수준에 이를 것이라고 우려한다.[10] 그럼에도 오늘날
지구가 직면한 여러 환경 위기 가운데 대규모 멸종의 원인과
위험성에 대한 인식은 아직 그리 높은 편이 아니다.

전 세계가 대규모 멸종에 직면해 있다. 그러나 자세히 들여다보면
멸종하는 생물종 대부분은 핫스팟Hot Spot이라고 불리는 특정 지역에
집중되어 있다. 그 이유는 생물다양성이 지리적으로 불균등하게
분포하기 때문이다. 육상의 경우 생물다양성의 주요 산실은 열대우림
지역이다. 열대우림 지역은 지구 표면적의 6퍼센트에 불과하다.
그러나 지구상에 서식하는 생물종의 절반 이상이 열대우림 지역의

7) Wilson, 99.

8) Franz J. Broswimmer, *Ecocide: A Short History of the Mass Extinction of Species*
(New York: Pluto, 2002), 1. [국역: 김승욱 옮김, 《문명과 대량멸종의 역사》,
에코리브르, 2006.]

9) Elizabeth Kolbert, *The Sixth Extinction: An Unnatural History*
(New York: Henry Holt, 2014), 167. [국역: 이혜리 옮김, 《여섯 번째 대멸종》,
처음북스, 2014.]

10) Dirzo, 401.

육상 및 수상 서식지에 깃들어 살고 있다.[11] 에드워드 윌슨이 언급한
대로 열대는 멸종을 이끄는 도살장이다. 광활하게 펼쳐진 열대의
녹색 지대는 난도질되어 산산이 부서졌다. 거기에 깃들어 사는
동물종과 식물종은 서식지 파괴, 외래종, 남획, 점차 강도를 더해
가는 인간이 초래한 기후 변화에 적응하기 위해 고군분투하고
있다.[12] 거대한 아마존강 유역과 서아프리카 및 중앙아프리카에
자리 잡은 열대우림 그리고 인도네시아, 말레이시아, 동남아시아
여러 지역에 분포한 정글 같이 수백만에 이르는 생물종이 깃들어
사는 서식지가 인간에 의해 사라지고 있다. 서식지 파괴는 (아직
제대로 파악조차 되지 않은) 수많은 생물종을 멸종 위기로 몰아넣는
것에 그치지 않는다. 인간은 결국 지구에 깃들어 살아가는 인간의
거주권마저 위험에 빠뜨리고 말 것이다.

엘리자베스 콜버트의《여섯 번째 대멸종》처럼 일반 독자도
어렵지 않게 읽을 수 있는 과학 저술이 출판되기 시작했다. 덕분에
멸종이라는 단어를 통해 지구에 서식하는 동식물이 겪고 있는
지독한 고난이 세상에 알려지게 되었다.《여섯 번째 대멸종》에는
콜버트가 안데스산맥 측면의 수목한계선 상승을 추적하는
식물학자와 나눈 대화, 대양에서 진행되는 산성화를 추적하는 해양
식물학자와 나눈 대화가 등장한다. 대화 내용은 독자들에게 두려움을
선사했다. 콜버트는 현재 일어나는 멸종의 수준이 지난 5억 년 사이

11) Wilson, 59.

12) Wilson, 59.

지구를 황폐화시킨 다섯 번의 대멸종에 버금간다고 설명한다.
아울러 현재 일어나는 멸종이 소행성 충돌의 여파로 공룡이 멸종한
이래 지구에 서식하는 생명에게 찾아온 비극 중 최악이 될 것이라고
예견한다. 이 슬픈 현실을 인식한 듯 인문학자들은 "멸종의 문화"에
대한 저술을 내놓기 시작했다.[13] 멸종에 대한 관심이 높아짐에 따라
오바마 대통령 집권 당시 미국에서는 범정부 차원의 야생동물
밀거래 태스크 포스가 발족되었다. 야생동물 밀거래 태스크 포스는
코끼리 및 코뿔소 밀렵꾼의 거래 과정에 주목하고 야생동물 불법
거래 시장에서 창출되는 이익이 무장테러단체 및 범죄단체(잔자위드,
알샤바브 등)의 운영 자금으로 사용된다는 사실에 대해 논의하기
시작했다.[14]

그러나 오바마 정부가 발족한 범정부 기관은 "밀렵과의 전쟁"만
선포했을 뿐, 서식지 파괴와 남획을 유발하는 근본적이고 구조적인
원인에는 관심을 보이지 않았다.[15] 지구의 생물다양성이 집중되어

---

13) 예를 들어 다음을 참고하라. Donna Haraway, *When Species Meet*
(University of Minnesota Press, 2007), Ursula Heise, "Lost Dogs, Last Birds,
and Listed Species: Cultures of Extinction," *Configurations* 18.1–2 (Winter 2010),
49–72 그리고 Thom van Dooren, *Flight Ways: Life and Loss at the Edge of Extinction*
(New York: Columbia University Press, 2014).

14) Justin S. Brashares et al., "Wildlife Decline and Social Conflict,"
Science 345.6195 (25 July 2014): 377.

15) "밀렵과의 전쟁"에 대한 비판은 Brashares et al.을 참고하라.
아쉽게도 저자들은 밀렵에 대응하기 위해 폭력적인 수단을 동원한 이 사례를
"테러와의 전쟁"이라는 더 광범위한 폭력의 정치와 연관 짓지는 못했다.

있는 핫스팟은 결국 크리스천 퍼렌티가 "혼돈의 열대"라고 언급한 지역에서 나타나기 때문이다.[16] 퍼렌티는 지극히 파괴적인 세 가지 요인이 열대 지역에서 **파멸적으로 수렴**한다는 사실을 깨달았다. 첫 번째 요인은 탈식민지 국가가 냉전의 유산으로 물려받은 군사화와 인종 분열이다. 두 번째 요인은 1980년대 이후 세계은행 따위의 국제기구가 부채 상환이라는 명목으로 글로벌 남반구에 부과한 구조조정 정책과 그로 인한 국가의 실패 및 시민 간 갈등이다. 세 번째 요인은 기후 변화가 유발한 사막화처럼 환경이 받는 압력이다. 퍼렌티는 이 세 가지 요인의 파멸적 수렴이 탈식민지 국가와 민족에 미치는 충격을 상세하게 기록했다. 그러나 글로벌 남반구에 영향을 미치는 압력을 그린 퍼렌티의 묘사는 완전치 않다. 인간과 자연 세계의 관계를 철저하게 고려하지는 않았기 때문이다. 현재 글로벌 남반구에서 큰 폭으로 줄어들고 있는 생물다양성에 대해 논의하지 않는다면 퍼렌티가 언급한 파멸적 수렴에 대해 충분히 이해할 수 없다. 반대로 탈식민지 국가에서 자행되는 착취와 폭력에 대해 분석하지 않는다면 멸종에 대해서 충분히 이해할 수 없다.

멸종은 지구 전역에서 자행되는 공공재에 대한 공격의 산물이다. 공기, 물, 식물, 집단이 창조한 문화 형식(예: 언어)의 보고는 예로부터 인간 집단이 물려받은 유산으로 간주되어 왔다. 자연은 놀라울 정도로 다양하고 풍요로운 야생을 품고 있다. 그리고 자본은 자연이

---

16) Christian Parenti, *Tropics of Chaos: Climate Change and the New Geography of Violence* (New York: Nation Books, 2012). [국역: 강혜정 옮김, 《왜 열대는 죽음의 땅이 되었나- 기후 변화와 폭력의 새로운 지형도》, 미지북스, 2012.]

품은 풍요와 수고를 무료로 사용한다. 비평가 마이클 하트와 안토니오 네그리는 최근 10여 년 사이 폭력적으로 진행된 무역 자유화 정책의 바탕에 공공재의 사유화가 자리 잡고 있다고 주장했다. 하트와 네그리에 따르면 사상, 정보, 동식물종, 심지어 DNA에 이르는 공공재가 사유재산으로 변모했다.[17] 전 세계 농부들이 무료로 주고 받았던 종자는 하루아침에 희소한 상품이 되었다. 심지어 농기업들은 한 세대가 지나면 생식 능력이 사라지는 종자를 개발해 판매한다. 글로벌 남반구 농부들은 이 종자에 "자살 종자"라는 별명을 붙였다.[18] 다시 말해 지구 전역에서 나타나는 생물다양성 파괴는 지구 전역에서 자행되는 공공재에 대한 거대하고 궁극적인 공격으로 인식되어야 한다. 멸종 역시 기후 변화와 마찬가지로 현대 자본주의의 모순을 이끄는 선두 주자로 이해해야 마땅하다.[19] 자본은 더 빠른 속도로 확장되어야 한다. 그렇지 않으면 자본은 위기에 빠진다. 주식과 자산 소유자의 자산가치가 하락하고 공장이 문을 닫는다.

17) Michael Hardt and Antonio Negri, *Commonwealth*
(Cambridge, MA: Belknap Press, 2011), viii.
[국역: 정남영, 윤영광 옮김, 《공통체-자본과 국가 너머의 세상》, 사월의책, 2014.]

18) Vandana Shiva, *Stolen Harvest: The Hijacking of the Global Food Supply*
(Boston, MA: South End Press, 2000).
[국역: 류지한 옮김, 《누가 세계를 약탈하는가》, 울력, 2003.]

19) James O'Connor, *Natural Causes: Essays in Ecological Marxism*
(New York: Guilford Press, 1997), 166.

대량 실업이 발생하고 정치가 불안해진다.[20] 그러나 확장 과정에서
자본은 더 많은 것을 상품화하여 비옥한 지구의 다양성을 빼앗는다.
앞서 이야기한 자살 종자를 떠올려 보면 쉽게 이해할 수 있을 것이다.
반다나 시바는 "정신의 획일화"가 자본의 고유한 경향이라고 언급한
바 있다. 정신을 획일화하는 자본 고유의 경향이 각 지역에서 발생하는
수많은 환경 위기의 원인이 맞다면, 만족을 모르는 자본이라는
구렁텅이는 생태계 전체를 집어삼켜 지구의 환경 전체를 위협할
것이다.[21] 데이비드 하비가 주장한 대로 기하급수적인 성장을
지속해야 하는 자본의 필요로 인해 지구 전체 환경은 "악화일로"를
걷고 있다. 그러나 이 문제를 효과적으로 해결할 기관은 없는 것이
현실이다.[22] 한편 자본은 계속 성장하기 위해 환경을 끊임없이
상품화해야 한다. 따라서 멸종 속도가 재앙에 가까울 정도로
높아지고 생물다양성이 더 광범위하게 감소하는 오늘날의 현실은
자본 재생산에도 직접적인 위협이 된다. 여섯 번째 대멸종은 자신의
재생산 조건을 파괴하는 자본 축적의 경향을 그 무엇보다 명확하게
드러내는 사례이다. 종이 분화하는 속도, 즉 진화를 통해 새로운
종이 나타나는 속도가 멸종 속도를 따라잡지 못할수록 자본 고갈,
나아가 자본이 의존하고 있는 생물학적 기초의 소멸이 점점 더

20) David Harvey, *Seventeen Contradictions and the End of Capitalism*
(New York: Oxford University Press, 2014), 222.
[국역: 황성원 옮김, 《자본의 17가지 모순-이 시대 자본주의의 위기와 대안》, 동녘, 2014.]

21) Vandana Shiva, *Monocultures of the Mind: Biodiversity, Biotechnology, and Agriculture*
(New Delhi: Zed Press, 1993).

22) Harvey, *Seventeen Contradictions*, 254.

자명해질 것이다. 이 책《멸종: 근원적 역사》*Extinction: A Radical History*는 활동가, 과학자, 문화 연구자뿐 아니라 평범한 독자들에게 멸종에 대해 소개하는 입문서이다. 이 책이 독자들에게 중요하지만 간과되어 온 사건에 대해 조금이나마 이해할 수 있는 계기가 되기를 바란다. 멸종은 물질적 현실이자 문화적 담론이다. 문화적 담론은 세계에 대한 대중의 인식을 형성하고, 더 나아가 불평등한 사회질서를 정당화한다. 멸종 같은 지구 전체가 처한 위기에 적절하게 대응하려면 과학, 환경주의, 급진 정치를 분리하는 경계를 넘어서야 한다. 또한 멸종을 이해하기 위해서는 자본주의 및 제국주의 비판에도 귀를 기울여야 한다.

우선 이 책에서는 인류세 개념을 논의할 것이다. 인류세라는 개념을 통해 근본적인 질문, 즉 여섯 번째 대멸종이 언제 시작되는지 그리고 그 책임이 정확히 누구에게 있는지 파헤칠 것이다.

그런 다음 자본주의의 산물인 멸종의 다양한 양상을 검토할 것이다. 그 과정에서 근대 초기에 나타난 개체 감소 현상(예: 모피 사냥) 및 대량 학살 사건(예: 산업혁명과 함께 등장한 포경 산업) 등을 살필 것이다. 또한 **부수적 생태 파괴**(예: 외래종이 유발한 산호 백화 및 산호 멸종)와 **생태 전쟁**(예: 베트남전에서 사용된 고엽제, 나이저 삼각주 오염)도 함께 논의할 것이다. 세 번째로는 재난 생명자본주의disaster biocapitalism를 검토할 것이다. 재난 생명자본주의는 멸종 위기에 대한 자본의 정치, 경제, 환경적 반응이다. 특히 자본주의라는 틀 안에서 멸종 문제를 해결하려고 노력했으나 실패로 돌아간 사례를 부각하고 합성생물학을 동원해 멸종 위기를 해결하여 자본 축적의 새로운 장을 열고자 애쓰는 경향도 소개하려고 한다.

마지막으로는 철저한 보존에 대해 다루려고 한다. 여기서는 사회정
의 및 환경정의에 입각해 반反자본주의적인 방식으로 멸종 위기를
해결하려는 다양한 방안을 살펴볼 것이다.

멸종이라는 유령이 사람들의 뇌리를 떠돌고 있다. 현대 문화는 좀비,
전염병, 그 밖의 생태 재난을 내세워 대중의 눈길을 사로잡는다.[23]
부유한 글로벌 북반구에서 살아가는 사람들에게 이와 같은
이미지는 그저 앞으로 다가올 끔찍한 세계를 미리 보여주는 징후에
불과할 것이다. 그러나 전 세계에는 멸종 문제가 현재와 미래의
생존과 직결되는 사람들이 수십억 명도 넘는다. 라나지트 구하와
후안 마르티네스-알리에르가 "생태계에 속한 사람들"이라고 칭한
이 사람들의 운명은 지구의 동식물과 밀접하게 연관되어 있다.[24]
사타오 같은 코끼리 한 마리를 사냥하면 밀렵꾼 몇 명은 이익을
보겠지만 코끼리가 깃들어 사는 생태계는 이루 말할 수 없을 정도로
궁핍해질 것이다. 코끼리 같은 대형 야생동물이 사라졌을 때
나타나는 영향에 대한 이해는 아직 걸음마 단계에 불과하다. 그러나
생명의 그물망에 난 구멍들이 불러오는 극적인 연쇄 효과는 점점
더 분명해지고 있다.[25] 인간의 조상이 알고 있었고 현재를 살아가는

23) Sasha Lilley, David McNally, and Eddie Yuen, *Catastrophism:
The Apocalyptic Politics of Collapse and Rebirth* (New York: PM Press, 2012).

24) Ranajit Guha and Juan Martinez-Alier, *Varieties of Environmentalism:
Essays North and South* (London: Earthscan, 1997), 12.

25) Dirzo, 404.

우리가 알고 있는 수백만 종의 생물이 자취를 감추면서 지구 생태계를 지탱하는 생물다양성이 위기를 맞고 있다. 이러한 비극은 현존하는 자본주의 문화에서 비롯된 것이다. 자본주의 틀 안에서는 이 문제를 해결할 수 없다. 인간은 선택의 기로에 서 있다. 정치를 근본적으로 바꿀 것인가? 혹은 대규모 멸종을 심화할 것인가?

2 오늘날 세계가
맞닥뜨린 재앙은
어디에서 왔나?

"친구의 말을 들은 길가메시는
손에 도끼를 들고 허리춤에서 칼을 빼 들었다.
그 칼로 훔바바의 목을 찔렀다.
길가메시의 친구 엔키두도 훔바바를 찔렀다.
다시 한번 더 찌르자 훔바바가 쓰러졌다.
숲을 지키는 자, 훔바바가 쓰러지자 혼돈이 찾아왔다.
헤르몬산과 레바논산을 호령했던
숲의 감시인을 엔키두가 쓰러뜨리자
9킬로미터 반경의 모든 삼나무가 흔들렸다.
산과 언덕이 몸을 부르르 떨었다.
숲의 보호자가 죽었기 때문이다."

　　　－《길가메시 서사시》(기원전 2500~1500년)

여섯 번째 대멸종은 언제 시작되었고 누구의 책임인가? 이 질문의
답을 구하는 방법 가운데 하나는 인류세라는 개념을 검토하는
것이다. 점차 영향력이 커지고 있는 인류세라는 개념을 처음 제안한
사람은 대기화학자 파울 크뤼천이다. 2000년 크뤼천은 인간의
활동으로 지구 대기가 변했다고 언급하면서 새로운 지질 시대가
도래했음을 알렸다.[1] 인류세 개념은 인간이 지구 환경에 근본적인
영향을 미쳤다는 인식에서 기인한다. 이와 같은 인식은 인간과
자연을 깔끔하게 구분하는 기존의 사고를 타파한다. 비교적 소수의
화학자와 지질학자만이 사용하던 인류세 개념은 인문학자들에게도
영감을 주었다. 디페시 차크라바르티는 인류세라는 개념을 역사를
바라보는 새로운 관점으로 사용하자고 제안했다.[2] 인류세 개념이
점점 더 많이 사용되고 있지만 인류세의 시작점에 대한 논쟁은
식을 줄 모른다. 크뤼천은 산업혁명과 더불어 대기 중에 이산화탄소를
대량 방출하기 시작한 18세기 말에 인류세가 시작되었다고
주장한다.[3] 크뤼천의 주장은 광범위하게 받아들여졌다. 그런데
그의 주장에는 문제가 있다. 크뤼천은 원인보다는 결과에 주목한다.

1) Andrew Revkin, "Confronting the Anthropocene," *New York Times* (11 May 2011),
http://dotearth.blogs.nytimes.com/2011/05/11/
confronting-theanthropocene/?_php=true&_type=blogs&_r=0.
[2021년 4월 26일 현재 다음 주소로 접속 가능.
https://dotearth.blogs.nytimes.com/2011/05/11/confronting-the-anthropocene/]

2) Dipesh Chakrabarty, "The Climate of History," *Critical Inquiry* 35
(Winter 2009), 197–222.

3) Paul Crutzen, "The Geology of Mankind," *Nature* 415.6867 (2002), 23.

따라서 인간과 자연이 폭력을 바탕으로 불평등한 관계를 맺고
있다는 핵심적인 질문을 간과한다.[4] 멸종의 시대 구분까지 감안하면
권력 관계, 책임 주체, 인류세의 시기 구분에 관련된 의문을
해결하기까지 앞으로도 많은 시간이 필요할 것으로 예상된다.

인간은 플라이스토세에 별개의 종으로 진화하기 시작했다.
인간이 그 시기에 물려받은 생물다양성을 상실하는 데 기여한 바를
논의하려면, 인류세의 시작을 1800년대보다 훨씬 더 이전으로
되돌려야 할 것이다. 그래야 하는 이유는 인간이 지구의 동식물에
영향을 미쳐 세계의 모습이 바뀌었기 때문이다. 이때 인간이 미친
영향은 상당한 시간에 걸쳐 집합적으로 이루어진 것으로 보인다.
최근 생물학자들은 "인류세에 일어난 멸종"이라는 개념을 창안하고[5]
호모 사피엔스가 지구에 대규모로 영향을 미치기 시작한 시점을
추적하기 시작했다. 프란츠 브로스위머는 대략 6만 년 전, 언어의
등장이 결정적이었다고 주장한다.[6] 언어를 사용해 자신의 의도를
전달할 수 있게 되면서 놀라운 혁신이 이루어졌다. 인간 사회가
적응할 수 있는 역량을 갖추게 된 것이다.[7] 이와 같은 분수령이 남긴

---

4) Jason Moore, "Anthropocene or Capitalocene?"
http://jasonwmoore.wordpress.com/2013/05/13/anthropocene-or-capitalocene/
[2021년 4월 26일 현재 접속 가능.]

5) Dirzo, 401.

6) Mark Nathan Cohen, *The Food Crisis in Prehistory: Overpopulation
and the Origins of Agriculture* (New Haven, CT: Yale University Press, 1977).

7) Broswimmer, 12–22.

고고학적 발자취에서는 부싯돌과 화살촉 같은 유물이 광범위하게
발견된다. "대약진"한 호모 사피엔스는 자연선택을 통한 생물학적
진화가 아니라 문화적 진화를 시작했다. 그러나 안타깝게도
인간이라는 생물종은 자연의 속박으로부터 해방되자마자 지구
환경을 파괴하기 시작했다.

인간의 문화가 변화하면서 인간과 자연의 관계 및 인간과 동물의
관계에 극적인 변화가 찾아왔다. 플라이스토세 말기에 인간의
조상은 매우 효율적으로 사냥하는 수준에 이르렀다. 인간은 활과
화살, 투창기, 작살, 함정 등 온갖 무기를 개발해 대형 사냥감을
사냥했다. 한편 인간은 사냥을 위한 조직을 구성하는 정교한 기법도
발전시켰다. 덕분에 대형동물 무리를 포위한 뒤 절벽으로 몰아
사냥할 수 있게 되었다. 라스코 동굴 벽화 같은 구석기 유적에는
매머드, 들소, 대형 말코손바닥사슴과 사슴, 코뿔소, 사자 등 사냥감
그림이 가득하다.

동굴 벽화는 호모 사피엔스가 처음으로 창조한 이미지 가운데
하나이다. 이와 같은 그림을 통해 세계에 대해 상상하고 세계를
표현하고자 하는 인간의 욕망과 동물 사이에 밀접한 관계가 있다는
사실을 파악할 수 있다. 인간이 꿈꾸는 삶에는 동물이 가득했다.
비록 인간의 손에 스러진 존재일지라도 말이다.

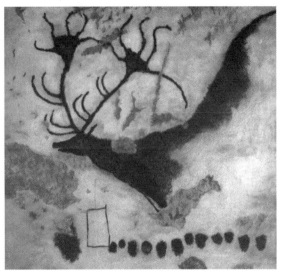

호모 사피엔스가 남긴 가장 오래된 창작물 가운데 하나.
플라이스토세에 프랑스 남부 라스코 동굴 벽에 그려진 수사슴 그림.

사회 조직과 사냥 능력이 눈부시게 발전하면서 인간은 지구
전역으로 퍼져 나갔다. 아프리카에서 기원한 인간은 불과 3만 년
만에 세계의 주요 생태계를 점령하게 되었다. 인류는 5만에서
6만 년 전 유라시아로, 1만 3천 년 전 오스트레일리아와 뉴기니,
시베리아와 북아메리카 및 남아메리카로, 비교적 최근인 4천 년
전에는 태평양의 각 섬에 이르렀다. 그러는 사이 인구도 폭발적으로
증가해, 5만 년 전에 몇 백만 명에 불과했지만 기원전 2000년
무렵에는 1억 5천만 명에 이르게 되었다. 플라이스토세 말기에
나타난 멸종은 호모 사피엔스의 시공간적 확장과 무관치 않다.
선사 시대에 인간이 나타난 지역에서는 어김없이 대형동물이

멸종했기 때문이다.[8] 새로운 사냥터를 찾아 나선 인간의 조상은
인간이라는 포식자를 경험해 보지 못한 동물들과 마주쳤다. 인간은
궁극의 외래종이나 다름없었다. 인간을 피할 방법을 모르는 생물종은
인간의 손에 의해 빠르게 사라져 갔다. 인간에 익숙하지 않은
생물일수록 더 빠르게 멸종되었다. 생물학자들은 이와 같은 현상을
여과 원리*filtration principle*로 설명한다. 시계를 더 먼 과거로 되돌릴수록
인간에 의한 멸종 속도가 오늘날에 비해 더 낮아진다는 것이다.[9]
즉, 인간이 기원한 사하라 이남 아프리카에서 멸종 비율은
5퍼센트에 불과했지만 유럽은 29퍼센트, 북아메리카는 73퍼센트,
오스트레일리아는 놀랍게도 94퍼센트에 달한다. 대형동물의 멸종이
생태계 전체에 미치는 연쇄 효과에 대한 생물학자들의 이해는 아직
걸음마 단계에 불과하다. 따라서 플라이스토세 말기에 이루어진
멸종의 영향을 온전히 가늠하기란 어렵다. 그럼에도 멸종이 지구
전역에서 일어났다는 사실을 감안해 보면, 플라이스토세 말기에
이루어진 멸종이야말로 전 세계의 동물종과 생태계를 변화시키는
인간의 영향력을 입증하는 최초의 증거라고 할 수 있다.

대형 사냥감이 모두 사라지자 인간의 조상은 수천 넌 가까이
유지했던 수렵-채집을 통한 생존 방식을 바꿔야 하는 상황에 처하게
되었다. 대형동물의 멸종에 기후 변화와 인구 증가가 더해지면서

---

8) Broswimmer, 24.

9) Wilson, 96.

인간에게 처음으로 식량 위기가 찾아왔다.[10] 식량 위기에 봉착한
인간은 두 번째 거대한 전환을 이루게 된다. 바로 신석기 혁명이다.
재배에 적합한 식물, 풍부한 물, 비옥한 토양 같은 우호적인 환경에
힘입어 인간은 유목 생활을 버리고 한곳에 정주하면서 식량을
생산하는 생활로 전환했다. 기원전 1만 년 무렵 시작된 정주 생활로의
전환은 유례없이 빠른 속도로 진행되어 기원전 8000년 무렵
마무리되었다. 농업을 통해 이전보다 더 많은 식량을 생산할 수
있게 되자 인구가 폭발적으로 증가했다. 신석기 혁명이 시작된
약 1만 년 전 400만 명이던 전 세계 인구는 기원전 5000년 무렵
500만 명으로 증가했다. 기원전 5000년 이후 대규모 정착 사회가
발전하면서 인구도 본격적으로 증가했다. 매 천 년마다 인구가
두 배씩 증가해 기원전 1000년 무렵에는 5천만 명, 기원전 500년
무렵에는 1억 명이 되었다.[11] 인구 증가에 따라 정착 사회도
성장했다. 도시가 등장했고 분업이 시작되었으며 종교 지도자와
정치 지도자들이 권력을 휘두르게 되었다. 고생물학자들은 이 시기를
홀로세라고 부른다. 홀로세에 접어들면서 인간은 이전 시기에 자행한
대형동물 멸종과는 비교할 수 없을 정도의 규모로 지구를 변형하게
되었다. 따라서 신석기 혁명 시기를 인간뿐 아니라 지구 전체가
근본적인 변화를 겪은 시기로 인식해야 한다. 인간은 식물을

---

10) Broswimmer, 9.

11) Clive Ponting, *A Green History of the World: The Environment and
the Collapse of Great Civilizations* (NY: Penguin, 1991), 37.
[국역: 이진아, 김정민 옮김, 《클라이브 폰팅의 녹색 세계사》, 민음사, 2019.]

재배해서 먹고, 길들인 가축의 힘을 활용하여 자연 세계를 인간이
주도하는 농업 생태계로 바꿨다. 메소포타미아 도시국가에서는
처음으로 "문명"이 등장했다. 이집트, 인도, 중국, 메소아메리카에서도
문명이 등장했다. 이제 인간은 명실상부 세계를 주무르는 생물종이
되었다. 바로 이때부터 인류세가 시작되었다고 주장하는 비평가도
있다.[12]

신석기 혁명으로 인해 인간의 사회 조직에도 변화가 찾아왔다.
집약적 농업이 시작되어 식량이 남아돌게 되었다. 덕분에 사회가
분화되어 계층이 생겨났다. 종교 지도자, 군사 지도자, 정치 지도자가
등장해 남는 식량의 분배를 주도했다. 이때 이후로 인간 역사의
대부분은 남는 식량의 획득과 분배를 둘러싼 투쟁의 역사라고 해도
과언이 아니다.[13] 기원전 4000년 무렵 메소포타미아에서 처음으로
등장한 문자에도 주목해야 한다. 문자를 이용하는 쓰기라는 기술은
매년 생산하는 식량과 남는 식량에 대한 기록을 남길 필요성에서
시작되었다.[14] 고대 사회는 쐐기문자를 비롯한 각종 문자를 이용해
정보를 전달하고 사회 조직을 활성화했다. 문자는 고대 사회의
경제 확장에 핵심적인 원동력이었다. 일례로 메소포타미아의 도시국가

---

12) William F. Ruddiman, "The anthropogenic greenhouse era began
thousands of years ago". *Climatic Change* 61.3 (2003): 261–293.

13) Ponting, 54.

14) Steven Roger Fischer, *History of Writing* (New York: Reaktion Books, 2004), 22.
[국역: 박수철 옮김, 《문자의 역사》, 21세기북스, 2010.]

수메르는 문자의 등장과 더불어 강력한 제국으로 발돋움했다.[15)
고대 수메르에서는 바퀴, 초기 형태의 대수와 기하, 도량형 표준화
등 수많은 발명이 이루어졌다. 수메르에서 시작된 문명의 여러 요소는
이후 등장한 여러 문명의 근간을 이뤘고 고대 세계의 무역을
활성화했다.[16) 또한 제국주의와 노예제 같은 절묘한 제도도
수메르에서 처음으로 등장했다.

사유재산 개념이 등장하고 남는 식량의 통제를 중심으로 인간 사회가
조직되기 시작하면서 사회 갈등이 발생했다. 문자는 이와 같은
갈등을 기록으로 남기는 도구로도 활용되었다. 오늘날 사람들이
고전으로 분류하는 초기 문헌 대부분은 사실 고질적인 전쟁의
기록이다. 일례로《일리아드》(기원전 760년)는 도시국가와 제국이
맞부딪히면서 발생한 격렬한 전쟁의 기록이다.[17) 전쟁의 중요성이
점점 커지면서 군사 지도자가 등장했다. 애초 군사 지도자는
선출직이었다. 그러나 이내 고대 세계 전역에서 세습 통치자로
변모했다.[18) 군대를 높이 평가하고 통치자를 숭배하는 풍조가
고대 문화에 스며들었다. 그 바탕에는 평범한 사람들의 희생이
자리 잡고 있었다.《일리아드》는 그리스 군인들의 전투 능력을

15) Fischer, 36.

16) Broswimmer, 36.

17) Brian R. Ferguson, "Ten Points on War," *Social Analysis*, 52.2
(Summer 2008), 32–49.

18) Ponting, 58.

칭송한다. 그러면서도 대형동물이 멸종한 뒤 목표를 상실한 인간의
조직적인 폭력이 같은 인간이지만 자신이 속하지 않은 집단을
겨냥하는 현실을 비통한 목소리로 전한다.

지질학자들이 홀로세라고 부르는 시기에 등장한 폭력은 인간뿐
아니라 자연도 겨냥했다. 최초의 서사시로 알려진《길가메시 서사시》
(기원전 1800년)는 신화의 형식을 빌려 인간이 자연의 힘과 겨루는
내용을 다루고 있다.《길가메시 서사시》의 주인공 길가메시는
도시국가를 건설하는 위업을 달성했지만 만족하지 못한다.
길가메시는 영생을 얻기 위해 레바논의 신성한 삼나무 숲을 수호하는
위대한 신 훔바바와 싸워 이기려 한다. 길가메시는 훔바바의 목을
쳐 이기지만 이는 상처뿐인 영광에 불과했다. 바람과 폭풍의 신이
길가메시를 저주했기 때문이다. 남아 있는 기록을 통해 길가메시가
나무의 신 훔바바를 물리친 시기와 수메르 제국이 생태계에 압력을
가한 시기가 일치한다는 사실을 확인할 수 있다. 수메르 제국이
확장될수록 목재가 사라져 갔다. 수메르 군인들은 삼나무와 소나무를
구하기 위해 북쪽의 더 먼 곳까지 나아가야 했다. 수확한 목재는 강을
통해 수메르로 운반되었다.[19] 목재를 구하기 위해 떠나는 원정은
위험하기 짝이 없었다. 수메르인이 산의 나무를 베어 숲을 파괴하자
산에 거주하는 부족들이 거세게 저항했기 때문이다.

19) Robert Pogue Harrison, *Forests: The Shadow of Civilization*
(Chicago, IL: University of Chicago Press, 1992), 17.

안타깝게도 외부에서 약탈해 온 자원만으로는 수메르 제국을
떠받칠 수 없었다. 수메르 제국은 정교한 관개시설을 발전시켰다.
덕분에 티그리스강과 유프라테스강의 풍부한 물을 활용해 작물을
기를 수 있었다. 바로 이것이 수메르 제국의 힘의 원천이었다.[20]
시간이 흐름에 따라 수메르 제국의 댐과 운하에 토사가 쌓였다.
엎친 데 덮친 격으로 운하를 통해 농경지로 끌어온 강물이 뜨거운
태양열로 인해 증발되었다. 물이 증발되면서 토양에는 무기물이
쌓였고 땅은 점차 염토로 변해 갔다. 이 문제를 해결하기 위해서는
농경지를 장기간 방치하는 수밖에 없었다. 그러나 증가하는 인구
탓에 농경지 보존 전략을 실행에 옮길 수는 없었다. 지속 가능한
농업 체계를 추구하는 것은 고사하고 단기적인 필요를 충족하기에도
빠듯한 형편이었다. 고고학 기록에 따르면 수메르인들은 밀 대신
보리를 기르기 시작했다. 보리가 밀보다 염분에 강했기 때문이다.
이와 같은 노력에도 결국에는 보리 수확량마저 줄어드는 지경에
이르고 만다.

대규모의 숲이 사라지자 수메르 제국의 문제는 더욱 심화되었다.
울창했던 삼나무 숲은 벌목으로 황폐해졌다. 베어 낸 목재는 판매용,
군함 건조용, 청동 제품과 도자기 제조용 땔감, 건축 자재로 사용되었다.
《길가메시 서사시》에 따르면 메소포타미아 도시국가는 목재 부족
문제를 해결하기 위해 안간힘을 썼다. 수메르 지역에서 숲이 사라지자

20) Neil Roberts, *The Holocene: An Environmental History*
(New York: Basil Blackwell, 1992).

토양이 침식되고 관개용 운하에 토사가 유입되는 2차 피해가 나타나
생물다양성에 큰 영향을 미쳤다. 수메르인이 건설한 도시국가가
성장함에 따라 인구도 늘어났다. 덕분에 소비가 늘어났고 대규모
군대와 행정력이 필요해졌다. 수메르인은 늘어난 인구를 감당하기
위해 더 집약적인 농업에 매달리게 되었다. 생태 위기에 대처하기
위해 영토를 확장하고 새로운 도시를 건설했다. 그러나 농업 확대에
는 한계가 있었다. 토양에 염분이 쌓이면서 작물 생산량이 감소했다.
기원전 2000년 중반에는 생산량이 40퍼센트 이상 감소해 늘어나는
인구를 감당하지 못하는 수준에 이르렀다. 생태 문제가 발생한 지
불과 몇 백 년 만에 고대 수메르 문명은 사라졌다. 오늘날의 이라크
지역 대부분을 차지하는 사막은 생태 문제에 미숙하게 대처한
수메르인이 빚어낸 작품이다.

고대 사회가 모두 수메르의 전철을 밟은 것은 아니다. (기원전 약
5500년경) 나일 계곡에 정착 사회가 등장했다. 이후 약 7천 년 동안
이집트는 나일강에 매년 찾아오는 홍수를 활용했다. 이를 바탕으로
파라오 왕조, 헬레니즘 시대의 프톨레마이오스 왕조, 맘루크 왕조,
오스만 제국에 걸친 여러 국가가 흥망성쇠를 거듭했다. 이집트의
농업 체계는 매우 안정적이었다. 나일 계곡의 자연은 토양을 비옥하게
만들었고 이집트인은 관개를 활용해 매년 찾아오는 홍수에 대처했다.
이때 관개는 인간의 간섭을 최소화하는 방식으로 이루어졌다.
19세기에 영국인들은 나일강에 댐을 이용한 관개를 도입했다.
유럽 시장에 판매할 목화를 재배할 생각이었다. 그로부터 불과
몇 십 년도 채 지나지 않아 나일 계곡의 광대한 토양이 염토로 변했고

습지가 형성되었다. 19세기 말 건설된 아스완댐은 나일강의
홍수위를 제어해 재배 작물인 목화를 보호했다. 그대신 유례없이
긴 시간 동안 이집트 문명을 지탱해 온 비밀 무기가 망가졌다.
영양분이 풍부한 토사가 아스완댐 벽 뒤편에 쌓여 쓸모가 없어져
버렸다. 결국 자연이 나일 계곡에 선사한 비옥한 토양은 사라져
버렸고 석유에서 뽑아 낸 합성비료를 광범위하게 사용해 농사를
지을 수밖에 없게 되었다. 그러면 그럴수록 이집트는 지구 전체를
호령하는 자본주의 경제의 늪에 더 깊이 빠져들고 말 뿐이었다.

인간이 근대 이전부터 생태계를 파괴해 왔다고 해서 자신이 근본적
으로 의존하고 있는 자연 세계를 파괴하는 것이 인간의 본성이라는
의미는 아니다. 분명 인간에게는 지구의 모습을 큰 폭으로 바꿀 만한
능력이 있다. 무려 수천 년 전 과거 어느 시점에, 고작 200년이라는
짧은 시간만으로 대규모 멸종을 이끌어 낸 장본인이 인간이기
때문이다. 따라서 인류세가 시작된 시점은 훨씬 이전의 과거로
거슬러 올라가야 할 것이다. 그러나 대규모 생태계 파괴는 오직
수메르 제국 같이 위계질서를 갖춘 사회의 개입이 있었을 때에만
가능한 일이다. 수메르 제국은 서식지를 파괴하여 생물종을
멸종으로 이끌었다. 수메르 제국이 휩쓸고 지나간 자리의 환경은
황폐화되었고 생태계가 대규모로 붕괴되었다. 한편 이집트의
역사는 물질적 환경과 문화적 환경이 적절한 조화를 이룰 경우
인간이 자연 세계와 비교적 지속 가능한 관계를 맺을 수 있다는
사실을 보여준다. 근대 이전 시대에 수메르인은 비옥한 초승달
지대의 대부분을 초토화했다. 군국주의, 방탕하고 무책임한 지도자,

제국 팽창 정책이 맞물린 결과였다. 생태계가 파괴되자 수메르
문명도 파괴되고 말았다. 생태를 파괴한 제국이 붕괴한 역사는
오늘날의 세계를 지배하는 여러 강대국들에게 경고를 던진다.

고대 로마는 자연을 착취하는 제국의 태도를 잘 드러내는
또 하나의 암울한 증거이다. 초기 로마 제국에서 가장 인상 깊은
특징은 강력한 팽창 정책이다. 기원전 5세기에서 4세기 사이
귀족 지도자와 평민 사이의 정치적 갈등이 봉합되었다. 그 뒤 많은
로마인들이 새로 정복한 속주로 이주했다. 로마인은 마케도니아
(기원전 167년)와 시리아(기원전 63년) 같은 정복지의 보물을 약탈하고,
공물과 세금을 바치는 체계를 정착시켰다. 로마인은 그 세금을
면제받았다.[21] 로마 제국의 팽창은 아우구스투스 황제가 이집트
왕국을 정복하면서 정점을 찍었다. 덕분에 아우구스투스 황제는
로마의 평민들에게 유례없이 많은 전리품을 나누어 준 마지막
황제가 될 수 있었다.

고대 세계의 상당 부분을 점령하고 약탈한 로마인은 점령지를 활용해
로마 본국의 저조한 농업 생산성 문제를 해결했다. 처음에는 이집트,
다음에는 시칠리아, 마지막으로 북아프리카가 로마 제국의 식량창고로
전락했다. 덕분에 로마인은 주식인 빵을 마음껏 먹을 수 있었다.

21) Joseph Tainter, *The Collapse of Complex Societies*
(New York: Cambridge University Press, 1990).
[국역: 이희재 옮김, 《문명의 붕괴》, 대원사, 1999.]

로마의 농기업이 정복지로 진출하면서 모로코에서 갈릴리 언덕 및
스페인의 시에라네바다산맥에 이르는 광범위한 지역의 숲이
파괴되었다.[22] 수메르인처럼 로마인도 지속 가능한 농업 체계를
구축하지 못한 상태에서 확장을 거듭했다. 생태 위기에서 벗어나기
위한 몸부림이었다. 오늘날 북아프리카와 시칠리아의 대부분은
기후가 매우 건조하다. 이는 자연 세계를 아낄 줄 모르고 마구
파괴한 로마인이 남긴 유산이다.

로마인은 제국의 규칙을 충실히 따랐다. 제국이 먹을거리를 해결해
주었을 뿐 아니라 오락거리도 제공했기 때문이다. 로마인에게 오락을
제공하기 위해 제국을 떠받치는 노동력을 제공하는 노예 계급까지
목숨을 건 검투 시합에 내몰렸다. 검투 시합에는 로마 제국 변방에서
데려온 야생동물도 투입되어 인간과 동물이 사투를 벌이기도 했다.

아프리카 코끼리를 배에 싣는 모습. 베이*Veii*의 로마 모자이크(이탈리아 파르네세섬).
기원후 3~4세기. 독일 칼스루에 바덴주립박물관 소장. 사진 제공: 캐롤 라다토.

22) J. Donald Hughes, *Environmental Problems of the Greeks and Romans: Ecology in the Ancient Mediterranean* (Baltimore, MD: Johns Hopkins University Press, 2014).

먼 곳에 서식하는 사자, 표범, 곰, 코끼리, 코뿔소, 하마, 그 밖의 여러
동물이 로마로 끌려와 콜로세움 같은 공개적인 장소에서 학살당했다.
이러한 일은 로마 제국을 샅샅이 뒤져도 동물 비슷한 것을 더이상
찾을 수 없게 되고 나서야 끝을 볼 수 있었다.[23] 유례없는 규모의
대학살이었다. 일례로 티투스 황제가 콜로세움을 봉헌했을 때 장장
3개월에 걸쳐 검투 시합을 치른 끝에 동물 9천 마리가 죽어 나갔다.
로마인이 멸종시킨 생물종이 무엇인지는 확인되지 않았다. 그러나
로마인이 지중해 주변의 여러 지역에서 수많은 동물의 목숨을
빼앗은 탓에 동물의 수가 크게 줄어든 것은 분명한 사실이다.[24]
플라이스토세에 서식했던 대형동물이 대규모로 멸종한 이후 겨우
살아남은 대형동물마저 소멸한 일에는 분명 로마 제국의 책임도
있을 것이다.[25] 수메르와 마찬가지로 로마도 자신들이 확보한
대형동물 대부분을 소멸시켰고 자신들이 정복한 땅 대부분을
사막으로 만들었다. 로마는 야생동물 학살을 정당화하기 위해
자연 세계에 대한 태도를 극적으로 바꿨다. 공화국 초기, 로마는
지중해 주변의 환경을 신성하게 여겼다. 태양의 신 아폴로, 농업의 신
세레스, 민물과 바다의 신 넵투누스 같은 자연신이 깃들어 있다고
생각했기 때문이다. 그러나 로마가 제국으로 확장되면서 환경을
신성하게 여기던 종교적 사고는 공허한 종교 의식으로 대체되었고

---

23) Broswimmer, 42.

24) Broswimmer, 42.

25) Broswimmer, 42.

자연과의 연계는 사실상 끊어져 버렸다.[26] 제국의 황금기에 번창한
스토아 철학과 에피쿠로스 철학은 로마 상류층에 퍼져 있던 방탕한
문화를 정당화했다. 흥청망청하는 소비가 일반화되었다. 배부르게
먹고, 먹은 것을 토해 낸 뒤 다시 먹는 일도 다반사였다. 기독교가
제국의 공식 종교로 인정받은 4세기 말 무렵에는 로마 철학의
자연에 대한 태도와 유대-기독교 문헌에 나타난 자연에 대한 태도를
구분할 수 없게 되었다. 유대-기독교 창조 신화에 따르면 하나님은
인간에게 자신이 창조한 세계를 지배할 절대적인 권한을 주었다.
성경과 기독교 전통에서 인간은 하나님의 선택을 받아 자연과
분리된 존재였다. 죽지 않는 영혼과 합리적으로 사고할 수 있는
능력을 지닌 인간은 자신의 이익을 위해 자연 세계를 변형해도
괜찮은 존재였다.

자연을 대하는 로마인의 태도가 무한히 지속될 수는 없었다.
방종한 로마 지도자가 화려한 연회에서 소비하는 고급 육류와 각종
먹을거리들은 인도 같은 먼 곳에서 큰 비용을 치르고 들여오는
것이었다. 더 이국적인 음식일수록 더 좋은 음식으로 대접을 받았다.
로마 지도자의 연회에 오르는 음식을 소개한 아피시우스의
요리책에는 개똥지빠귀와 여러 명금류, 멧돼지, 생굴, 심지어
플라밍고 같은 식재료까지 등장한다.[27]

26) J. Donald Hughes, "Ripples in Clio's Pond: Rome's Decline and Fall: Ecological Mistakes?"
Capitalism, Nature, Socialism 8.2 (June 1997), 117–21.

27) Sally Grainger, ed., *Apicius: A Critical Edition* (New York: Prospect Books, 2006).

연회에서 소비되는 생선, 닭고기, 과일, 채소를 묘사한 로마 모자이크.

이와 같은 고급 수입품을 들여왔지만 그만큼 수출을 하지는 못했다.
따라서 금과 은 같은 희소 자원을 점점 더 많이 사용하게 되었다.
그 결과, 극심한 경제 위기가 찾아와 제국의 기능이 마비되었다.
아우구스투스 황제의 뒤를 이은 로마 황제들은 평민에게 무료로
식량을 분배하던 전통을 중단하고 로마 시민에게도 세금을 부과할
수밖에 없었다. 로마 제국은 주로 농민에게 세금을 걷어 전쟁 비용을
충당했다. 작물 생산에 투자할 돈이 사라진 농부들은 큰 빚을 지게

되었다.[28] 환경 조건이 더 나빠지자 제국은 재생산에 필요한 식량을
생산할 역량마저 상실했다. 결국 로마는 먼 곳에 주둔한 대규모
군대를 유지할 수 없는 지경에 이르렀다. 격동의 500년을 거치면서
과도하게 팽창한 로마를 북쪽에서 내려온 야만인 무리가 침략했다.
오늘날 사람들은 콜로세움 같은 건축물을 로마가 남긴 업적으로
기억한다. 그러나 콜로세움을 건설하기 위해 환경이 대규모로
파괴되었다는 사실은 기억하지 않는다. 로마 제국의 후손들 역시
지속 불가능한 지배와 이로 인해 몰락한 제국으로부터 별다른
교훈을 얻지 못한 모양이다.

3 자본주의와 멸종

스팽글로 장식한 흉갑을 벗자

눈길이 머문다.

아름다운 종소리에 맞춰 끈을 풀면서

나에게 속삭인다. 때가 되었다고…

손이 제멋대로 움직인다.

앞, 뒤, 사이, 위, 아래.

오 나의 아메리카여! 내가 새로 발견한 땅이여.

나의 왕국. 가장 안전한 곳.

귀한 금속 광산이 있는 나의 제국.

하나님의 축복으로 발견한 나의 땅!

발 딛는 곳에 있는 것은 모두 나의 것.

내 손이 닿은 곳에는 내 인장이 새겨지리.

— 존 던, "침대로 향하는 애인에게" (1654년)

크리스토퍼 콜럼버스는 신세계를 찾아 떠난 항해와 관련한 기록을
남겼다. 초창기에 작성한 기록에서 콜럼버스는 에스파뇰라Española
라고 이름 붙인 섬을 에덴동산 같다고 묘사했다. "산과 평원,
초지와 들판. 어느 것 하나 아름답지 않은 것이 없다. 씨를 뿌리고
작물을 재배하는 데, 온갖 종류의 소를 기르는 데, 도시와 마을을
건설하는 데 전혀 부족함이 없다."[1] 콜럼버스의 펜 끝에서 권력에
대한 욕망과 탐욕이 짙게 묻어난다. 콜럼버스는 다양한 강이 흐르고
정박지가 넉넉한 이 경이로운 땅을 이렇게 묘사한다. "이 땅
어디에서나 쉽게 금을 발견할 수 있다." 주민들은 순진하고 인심이
넉넉해서 "자신들이 가진 것을 쉽게 나눠준다. 보지 않고는 믿지
못할 것이다."

신세계의 풍부한 생물다양성을 접한 콜럼버스는 경탄을 금치
못했다. 콜럼버스는 에스파뇰라 섬에 대해 이렇게 기록했다. 섬에는
"하늘까지 닿을 듯 자란 수천 종의 나무"가 가득하다. "나무 사이로
나이팅게일과 수천 종의 새들이 지저귄다."[2] 콜럼버스는 "신세계"
에서 찾은 물질적 풍요를 격정적인 어조로 묘사했다. 그리고 이와
같은 분위기가 이후 5세기에 걸친 유럽 제국주의 팽창 정책의
기조가 되었다. 존 던이 애인에게 바친 소네트를 읽어 보면 자연의
풍요로움에 대한 이미지가 유럽인의 삶 곳곳에 얼마나 강력하게

---

1) Christopher Columbus, *Select Letters of Christopher Columbus*,
R.S. Major, trans and ed. (London: Hakluyt Society, 1870), 5.

2) Columbus, 4.

스며들어 있는지 확인할 수 있다. 성적 환상을 표현한 시에서조차 신세계가 언급되는 지경이다. 새로 "발견한" 땅에 서식하는 동식물을 접한 유럽인은 자연의 부를 무한한 것, 마음대로 가져가도 되는 것으로 인식했다. 당시 유럽인은 전 세계 곳곳에서 환경이라는 공공재를 무책임하게 전유하고 탕진했다. 오늘날 사람들은 그 해로운 결과를 고스란히 목격하고 있다.

"신세계"에 발을 내딛는 콜럼버스. 순진한 원주민들이 환영의 표시로 자신들이 귀하게 여기는 것을 내어주고 있다.

역사가 시작된 이래 인간은 줄곧 생태계를 파괴해 왔다. 그리고 유럽의 팽창 및 근대 자본주의의 발전과 함께 그 파괴력이 전 세계로 확대되어 지구 전체를 갉아먹게 되었다. 유럽인이 "처녀"지를 예속하고 식민화하면서 환경의 질이 급격하게 나빠지고 멸종이 빠르게 진행되었다. 유럽 식민주의와 제국주의를 통해 자본주의

사회 관계가 확대되면서 특정 지역에 국한되었던 환경 재앙이
지구 전역으로 확대되었다. 또한 자본주의 사회는 자연을 사고팔 수
있는 상품으로 변형하였다. 덕분에 인간은 과거에는 상상조차 할 수
없었을 만큼 높은 강도로 자연을 착취하게 되었다. 인간을 잔인하게
대하고 자연을 불필요하게 파괴한다고 해서 자본주의가 그 이전의
사회 체계보다 특별히 더 비도덕적인 것은 아니다. 그러나 자본주의
생산양식과 자본주의 사회 체계로 **인해** 인간은 환경을 파괴할
수밖에 없게 된다. 멸종 위기와 관련된 자본주의 체제의 파괴적인
측면은 크게 세 가지로 파악된다. 1) 자본주의는 자신의 생산 조건을
황폐화하는 경향이 있다. 2) 자본주의는 생존하기 위해 끝없이
확장해야 한다. 3) 자본주의는 세계 체계에 혼돈을 몰고 온다.
그럼으로써 멸종 위기를 심화한다.[3] 자본주의는 서로 연계되어 있는
복잡한 생태계에서 특정 요소 하나를 골라내어 상품으로 전환한다.
자본은 무자비한 방식으로 복잡한 자연 세계를 교환할 수 있는
단순한 형태로 분해한다. 그 과정에서 자연 세계의 질은 떨어진다.
그리고 당장 교환가치가 없어 보이는 요소는 폐기한다. 게다가
마르크스가 《정치경제학 비판 요강》 *Grundrisse* [국역: 김호균 옮김,
그린비, 2007.]에서 논의한 대로 "자본을 제약하는 장벽을 넘어서려는
자본의 욕망은 끝도 한도 없다."[4] 이와 같은 주장이 올바르다는 것은
직관적으로도 알 수 있다. 경쟁 기업을 넘어서지 못하는 기업은 망하기

---

3) Joel Kovel, *The Enemy of Nature:*
The End of Capitalism or the End of the World (New York: Zed, 2007), 38.

4) Kovel에서 재인용, 41.

마련이다. 마지막으로 세계화를 통해 자본주의가 세계를 혼돈에
빠뜨린다는 사실을 확인할 수 있다. 이 세계에서는 "명확한 모든 것이
공중분해"된다. 이 세계에서는 공고하게 구축되어 있는 거버넌스
양식과 그 밖의 모든 사회 형태가 "창조적 파괴"라는 강풍에 휩쓸려
갈가리 찢긴다. 과거에도 많은 비평가들이 이와 같은 자본주의의
동학을 부각해 왔다. 그 증거로 삼기에 멸종은 손색이 없다. 지금까지
설명한 자본주의의 세 가지 핵심 생태 모순은 사실 서로 얽혀 있다.
그러나 각각의 동학을 더 분명하게 파악하려면 각각을 분리하여
고려할 필요가 있다. 이어지는 절에서는 이 세 가지를 각각 다루려고
한다. 각 절에서는 자본주의 시대(초기 형태인 상업자본주의에서부터
오늘날 신자유주의 세계화까지)의 멸종 사례를 논의한다. 이를 통해
자본의 생태 모순이 고질적이라는 점과 자본의 치명적인 통치가
갈수록 강화된다는 점을 확인할 수 있다.

자본주의가 초래한 환경 황폐화

자본주의는 자신의 생산 조건을 황폐화하는 경향이 있다. 이와 같은
경향은 모피 무역에서 극명하게 드러난다. 모피 무역은 1500년 이후
유럽의 팽창을 주도한 주요 원동력 가운데 하나였다. 원래 모피는
착용한 사람의 체온을 보호하는 용도로 사용되는 것이지만 근대
초기 유럽에서는 신분의 상징으로 활용되었다. 모피를 입을 권리는
이른바 사치규제법에 의해 엄격하게 제한되었다. 덕분에 특정 사회
계층만 모피라는 사치품을 착용할 수 있었다. 상업을 주도한 부르주아
세력이 성장하면서 모피 수요가 급증했다. 그러자 서유럽에서는

모피를 얻을 수 있는 포유류의 수가 급격히 감소했다. 동쪽으로
팽창해 시베리아까지 손을 뻗은 러시아는 타타르족 같은 정복지
주민들에게 공물로 모피를 요구했다. 16세기까지 모피는 러시아의
가장 큰 수입원이었다. 불과 200년 만에 시베리아 비버, 흑담비,
담비가 멸종 문턱에 서게 되었다.[5] 끝을 모르는 모피 수요는 아메리카
대륙의 식민화를 촉진하는 주요 촉매제 가운데 하나가 되었다.
북아메리카 식민지 활성화를 위해 프랑스, 네덜란드, 영국은 개발
회사를 설립했다. 각국의 개발 회사들은 모피가 식민지의 가치를
유럽으로 실어 나르는 가장 편리한 수단이라는 사실을 이내 깨달았다.
모피는 많은 유럽 무역 상인에게 큰 부를 안겼다. 아메리카
원주민에게는 철제 도끼날처럼 비교적 저렴하게 제조할 수 있는
평범한 물품을 주고 그 대신 가치가 높은 비버, 사슴, 족제비 등의
생가죽을 받았기 때문이다.

시간이 흐를수록 아메리카 원주민 부족은 모피 무역에 사로잡혀
기존 생활 방식을 포기하게 되었다. 그 결과 원주민들은 새롭게
등장하는 자본주의 세계 체계 안으로 통합되어 유럽 무역 상인에게
모피를 공급하는 특수 노동력으로 전락했다.[6]

5) Ponting, 179.

6) Broswimmer, 63.

유럽 무역 상인이 아메리카 원주민 사냥꾼과 모피를 교환하는 모습.

모피 무역은 아메리카 원주민 부족 사이에 목숨을 건 갈등을
촉발했다. 17세기 중반 발발한 이른바 비버 전쟁도 그 가운데 하나다.
이 전쟁에서 네덜란드와 영국은 이로쿼이족 연합을 지원했고
프랑스는 오대호 지역에 살면서 알곤킨어를 사용하는 부족을
지원했다. 허드슨 계곡 등지에서 과도한 사냥으로 인해 비버 수가
급격히 감소하자 모호크족 같은 부족들은 북쪽 및 서쪽에 거주하는
부족들과 마찰을 빚었다. 북쪽과 서쪽에는 아직 모피를 얻을 수 있는
포유류가 남아 있었기 때문이었다. 이 시기 인간이 벌인 전쟁이 끼친
영향은 여전히 미지의 영역으로 남아 있다. 유럽이 식민화한 땅
바깥에서 벌어진 일이었기 때문이다. 그러나 이와 같은 전쟁으로
인해 북동부에 거주하는 아메리카 원주민 세력은 확연히 약화되었다.
그 결과 유럽 정착민은 아메리카 원주민을 손쉽게 몰살시키고
그들이 가진 것을 빼앗을 수 있었다. 한편 프랑스와 영국이 벌인
제국 간 경쟁도 생가죽 가격을 높이는 요인으로 작용했다.

유럽 사냥꾼이든 아메리카 원주민이든 모피를 얻기 위해 혈안이
되었고 지속 불가능성은 한층 더 높아졌다. 미국 독립혁명이 일어난
후에도 모피 무역은 지속되었다. 덕분에 독점 기업 아메리칸 퍼 컴퍼니
American Fur Company를 소유한 존 제이콥 애스터John Jacob Astor는
미국 최초의 백만장자로 이름을 남겼다. 아메리카 대륙에서 모피를
얻을 수 있는 동물이 대량으로 사라지는 데 큰 몫을 담당한 애스터는
19세기 초 부동산 투기로 업종을 변경했다. 멸종한 것까지는
아니었지만 비버의 수가 크게 줄어 상업성이 없어졌기 때문이다.
프랑스 앙리 4세가 북아메리카에 유럽 모피 무역 회사 설립을
허가한 이후 불과 200년 만에 모피 무역은 막을 내렸다.

유럽이 나머지 세계를 예속하면서 세계는 급격하게 변했다.
대부분의 경우 생물다양성이 크게 감소했다. 물론 의도하지 않은
경우도 있었다. 유럽이 아메리카 대륙으로 팽창하면서 천연두
바이러스 및 인플루엔자 바이러스가 전파되었고 돼지나 말 따위의
전혀 새로운 생물군이 유입되었다.[7] 이 외래종들은 유럽 정복자들의
이동 경로를 따라 가면서 신세계에 큰 피해를 입히곤 했다.
한번도 접해 보지 못한 새로운 병균에 노출된 아메리카 원주민
수백만 명이 목숨을 잃었고 지형도 크게 변했다. 그러나 대부분의
경우 유럽인은 자신의 경제적인 목적을 달성하기 위해 의도적으로

7) Alfred Crosby, *The Columbian Exchange: Biological and Cultural Consequences of 1492*
(New York: Praeger, 2003). [국역: 김기윤 옮김,《콜럼버스가 바꾼 세계》,
지식의숲, 2006.]

생물다양성을 파괴했다. 어마어마한 생물다양성을 자랑했던 열대
지역 및 아열대 지역은 포르투갈과 스페인 정착자들에 의해
철저하게 재구성되었다. 유럽인은 설탕 같은 단일 작물을 재배하기
위해 플랜테이션을 도입했다. 유럽 제국들과 초기 자본주의 체계가
예속하고 통합한 영역에서는 지역의 기후에 맞춰 진행되는
(따라서 매우 다양하고 회복력이 우수한) 원주민의 농업 방식이 설
자리를 잃었다. 기후에 맞는 작물을 재배하는 대신 제국의 수도로
수출할 환금성 작물을 재배하게 되었으며, 원주민은 땅을 잃었고,
농사를 지을 노예가 수입되었다. 새로 도입된 인종 차별 관념을
토대로 불평등한 착취를 정당화하는 잔인한 체계가 자리 잡았다.
원주민의 땅을 빼앗고 수백만 명의 목숨을 빼앗은 플랜테이션
경제는 단일 작물 재배 방식으로 식민지의 토양을 고갈시켰다.
비옥한 토양은 자취를 감췄고 작물은 해충에 취약해졌다.

18세기 말 카리브해 군도에서 플랜테이션을 운영하던 농장주들은
환경 황폐화와 기후 변화를 걱정하기 시작했다. 당시에는 이를 두고
건조화乾燥化 라고 불렀다.[8] 플랜테이션 조성 과정에서 숲이 사라진
결과 강수량이 줄었기 때문이다. 환경 악화에 대한 우려가 커지면서
오늘날 국립공원의 시초 격인 최초의 숲보존법이 통과되었다.[9]
플랜테이션 소유주들이 토양을 고갈시키면서 제국 간 경쟁도

8) Richard Grove, *Green Imperialism: Colonial Expansion, Tropical Island Edens, and the Origins of Environmentalism, 1600–1860* (New York: Cambridge University Press, 1996).

9) Grove.

치열해졌다. 유럽의 식민 권력은 비옥한 토양이 남아 있는 섬을
먼저 차지하기 위해 애썼다. 1833년 영국이 노예제도를 폐지한
배경에는 이타적인 인본주의가 아니라 카리브해 지역 플랜테이션의
생산성 하락이 자리 잡고 있다.[10] 플랜테이션 체계가 사회와 환경에
파괴적인 영향을 미친다는 인식이 높아졌지만 유럽 식민 권력은
계속해서 세계 전역에 플랜테이션을 조성했다. 20세기 초 아시아와
아프리카에는 집약적인 차, 쌀, 고무 농장이 새로 들어섰다. 20세기
후반 녹색 혁명이 이루어진 뒤에도 소규모 자영농의 땅을 빼앗아
대규모 농장으로 흡수한 뒤 수출용 작물을 재배하는 관행이 이어졌다.
그 과정에서 환경이 받는 압력에 대처하고 증가하는 모순을 상쇄하기
위해 화석연료를 투입해 만든 합성비료와 살충제가 광범위하게
사용되었다.[11]

나머지 세계를 식민화한 유럽은 사상을 활용해 정복을 정당화했다.
유럽은 지배 이데올로기를 내세워 원주민과 그들이 소유한 토지를
전유하고 식민지의 동식물을 착취하는 일을 정당화했다. 예를 들어
잉글랜드 철학자 존 로크는 하나님이 "부지런하고 합리적인"
사람들에게 땅을 소유할 권리를 부여했다고 주장했다. 로크는
유럽인이 노동을 투입해 토지를 "개선"하는 개발 작업을 진행하는

10) Eric Williams, *Capitalism and Slavery* (Charlotte, NC: University of North Carolina Press, 1994). [국역: 김성균 옮김, 《자본주의와 노예제도》, 우물이있는집, 2014.]

11) Vandana Shiva, *The Violence of the Green Revolution: Third World Agriculture, Ecology, and Politics* (New York: Zed Books, 1992).

과정에서 근면과 합리성이라는 특성이 드러났다고 주장했다.
개발 작업이란 원주민 공동체의 땅을 빼앗아 유럽인의 자산으로
전환하는 일이었다. 로크는 이렇게 기록했다. "하나님의 명령에
복종하는 자는 [토지를] 정복하고 개간하여 씨를 뿌린다. 그럼으로써
토지는 그 사람의 자산이 된다. 다른 사람은 소유권을 주장할 수
없다…".[12] 로크에 따르면 원주민들은 토지를 적절하게 사용하지
않으므로 토지의 진정한 소유자가 아니었다. 따라서 그 땅을 빼앗겨도
문제를 삼을 수 없었다. 로크가 대영제국 식민지인 아일랜드와
버지니아에 플랜테이션을 소유하고 있었던 것은 우연이 아니다.[13]

인클로저라고 알려진 토지의 사유화가 진행되고 근대 과학이
활용되면서 로크가 생각한 "개선"이 완성되었다. 17세기 프랜시스
베이컨과 베이컨의 추종자들이 개념화한 과학적 방법은 자연 세계에
개입하면서 자연 세계를 여성의 몸에 비유했다. 자연 세계는
"불로 고문해 극도의 괴로움에 몸서리치게" 만들어야 하는 대상이었다.
그래야 자연 세계가 자신의 비밀을 드러낼 터였다.[14] 베이컨과
베이컨의 추종자들은 다양한 방법으로 유대-기독교 전통을

12) John Locke, *Second Treatise on Government*, Chapter 5: Of Property, http://www.
constitution.org/jl/2ndtr05.html [국역: 강정인, 문지영 옮김, 《통치론》, 까치, 1996.]

13) Barbara Arneil, *John Locke and America: The Defense of English Colonialism*
(New York: Oxford University Press, 1996).

14) Carolyn Merchant, *The Death of Nature: Women, Ecology,
and the Scientic Revolution* (New York: HarperOne, 1990).
[국역: 전규찬 외 옮김, 《자연의 죽음-여성과 생태학, 그리고 과학혁명》, 미토, 2005.]

단순 확장했다. 창세기에 따르면 결국 하나님이 이름을 부여한
존재는 아담이었다. 이브나 동물에게는 이름이 부여되지 않았다.
따라서 남성에게는 자연 세계와 여성을 예속할 권리가 있었다.
여성화된 자연을 강압적으로 예속한다는 베이컨의 언급을 통해
당시의 정복 과정을 엿볼 수 있다. 폭력적인 방식으로 이루어진
토지의 사유화 과정에서 여성은 마녀로 몰려 화형대에 올랐다.
근대 초기에 여성은 재생산에 대한 통제권을 잃게 되었다.[15]

유럽에서 공공재를 사유화하는 과정에서 여성이 화형당하는 모습.
인클로저는 자본주의의 도입을 촉진했다.

15) Silvia Federici, *Caliban and the Witch: Women, the Body, and Primitive Accumulation* (New York: Autonomedia, 2004), 65. [국역: 황성원, 김민철 옮김, 《캘리번과 마녀》, 갈무리, 2011.]

유럽에서 소규모 자영농이 공동으로 사용하던 땅을 빼앗는 과정에도
똑같이 야만적인 방법이 동원되었다. 마르크스는 끝을 모르고
타락하는 식민주의와 다른 인종에 대한 노예화 및 착취 과정을
"피와 불로 써내려 간 기록"이라고 언급했다. 과학적 탐구에 대한
베이컨의 언급에서 공포 정치가 과학적 방법을 의미하는 핵심적인
은유로 사용되었다는 사실을 파악할 수 있다. 과학적 방법을 통해
여성적이고 수동적인 존재인 자연을 통제하는 가부장적 지배
모델이 탄생했다. 뒤이어 자연 세계에 대한 지배를 통해 진보가
이루어진다는 개념이 등장했다. 과학적 방법은 객관적이고
중립적이라는 믿음으로 인해 기술 과학의 생태 파괴적 측면,
가부장적 측면, 인종차별적 측면은 수면 아래로 가라앉았다.
과학은 식민주의를 정당화했고 여성으로부터 신체에 대한 통제권을
박탈하였으며 DDT 같은 치명적인 화학 물질을 만들어 내는 데
기여했다. 이와 같은 과학의 역할에 대한 문제 제기는 20세기 말이
되어서야 이루어졌다.[16]

자본주의의 끝없는 확장

자본주의는 끊임없이 황폐화되는 생산 조건에 의존한다. 자본은
환경을 무분별하게 소비한다. 자신이 앉아 있는 의자를 톱으로
베어 내는 셈이다. 자본은 그렇게 할 수밖에 없다.

16) Vandana Shiva and Ingunn Moser, eds., *Biopolitics: A Feminist and Ecological Reader on Biotechnology* (Atlantic Highlands, NJ: Zed, 1995).

자본주의 자체가 끝없는 축적을 바탕으로 하는 체계이기 때문이다.
자본가는 축적된 이윤을 끝없이 재투자해야 한다. 경쟁에서
살아남아야 하기 때문이다. 이와 같은 방식으로 자본은 엄청난
속도로 확장된다.[17] 자본의 확장을 가로막는 장애물은 무엇이든
극복해 축적의 새로운 장을 열어야 한다. 문제는 인간이 깃들어 사는
지구가 유한하다는 것이다. 자본의 논리는 암세포의 논리와 다름없다.
통제받지 않고 성장하여 끝내 자신이 깃들어 사는 신체를 파괴하고
마는 것이다.

포경 산업은 축적 확장을 위해 모든 것을 소비하는 자본주의를
그야말로 잘 드러내는 사례일 것이다. 고래는 인간이 가장 잔인한
방법으로 가장 오랫동안 공격한 생물이다.[18] 자본주의가 등장하기
전에는 고래를 지속 가능한 범위에서 포획했다. 고래는 북극의
이누이트족이나 유럽 해안가에 살던 바스크족 같은 원주민이나
잡을 수 있는 생물이었다. 바스크족은 매년 비스케이만을 통과하는
덩치는 크지만 얌전한 북극고래와 참고래를 잡았다.[19] 이누이트족과
바스크족은 고래를 많이 잡지 않았다. 그러나 산업혁명이 일어나면서
상황이 달라졌다. 고래가 제공하는 상품(고래 기름: 불을 밝히는 데

---

17) David Harvey, *The Enigma of Capital* (New York: Oxford University Press, 2010), 217.
[국역: 이강국 옮김, 《자본이라는 수수께끼》, 창비, 2012.]

18) Ponting, 186.

19) John F. Richards, *The World Hunt: An Environmental History of the Commodication of Animals* (Berkeley, CA: University of California Press, 2014), 112.

사용되고 당시 공장에 설치된 기계에 윤활유로 사용됨)의 가치가 높아진
것이다.

유럽에서 산업화된 포경. 먼바다까지 나가 고래를 사냥했다.

근대 초기 자본주의에서 고래 시장이 확대되면서 근해에 살던
고래가 빠르게 사라졌다. 17세기 말에는 고래를 잡기 위해 공해로
나가야 했다.[20] 네덜란드처럼 강력한 해상 세력들은 고래잡이
선단은 바다를 자유롭게 누빌 수 있다는 주장을 정립했다. 유럽
국가들이 경쟁하는 가운데 어족 자원이 풍부한 북대서양은 상업용
고래잡이를 위한 장으로 전락했다.[21]

유럽도, 북아메리카도 고래를 보존하기 위한 노력을 기울이지
않았다. 고래잡이배는 고래가 영원히 사라지지 않을 것처럼

20) Richards, 134.

21) Richards, 131.

마구잡이로 고래를 잡았다. 경쟁이 치열해지면서 고래 사냥 기법도
정교해져 갔다. 18세기 말 더 빠른 배가 등장하자 불과 수십 년
사이에 참고래가 멸종 위기에 몰렸다. 19세기 중반 화약을 이용해
쏘는 작살총과 대형 증기 포경선이 등장하자 긴수염고래와
향유고래가 멸종 위기에 몰렸다.[22) 고래 포획 속도를 제한하는 것이
포경 산업의 이익을 지키는 길임에 틀림없었다. 그러나 경쟁을
바탕으로 하는 산업자본주의에서는 그 정도 수준의 보존조차
불가능했다. 오히려 포경 산업은 온갖 논리를 동원해 역대급
근시안으로 이루어지는 대양의 약탈을 정당화했다. 예를 들어
허먼 멜빌은 《모비딕》에서 주인공 이스마엘을 통해 "고래 수가
급격히 감소해 결국 멸종할 것"인지 따져본다. 이스마엘은 과거에는
대양에서 지금보다 훨씬 쉽게 고래를 발견할 수 있었다고 인정한다.
그러나 고래를 찾기 어려워진 이유를 고래 무리의 규모가 더 커지면서
무리의 수가 줄어든 데서, 그리고 사냥꾼들을 피해 고래가 북극과
남극으로 이동한 데서 찾는다. 이스마엘의 해괴한 추론을 통해
고래의 수가 무한하다는 논리가 억지에 가깝다는 사실을 확인할 수
있다. 포경 산업의 경쟁은 지속 가능하지 않았다. 그러나 포경 산업의
경쟁은 억지를 써서라도 정당화되어야 했다. 20세기 초 세계의
대양을 누비던 그 많은 고래가 사라진 뒤에야 비로소 주요 산업
목록에서 포경 산업이 자취를 감추게 되었다.[23)

　고래 수가 큰 폭으로 줄어들면서 포경 산업이 무너진 사례를

22) Broswimmer, 68.

23) Broswimmer, 68.

보면 자본주의를 정당화하는 경제 논리가 얼마나 어리석은지 알 수
있다. 애덤 스미스의 《국부론》(1776년)에는 자본주의를 정당화하는
경제 논리가 가득하다. 스미스는 자유시장에서 이익을 추구하기
위해 벌이는 경쟁이 유익한 결과를 가져온다고 생각했다. 경쟁으로
인해 가격이 낮게 유지되고 다양한 상품과 서비스를 제공하려는
의욕이 생긴다고 생각했기 때문이다. 스미스는 이렇게 기록한다.
"각자의 이익을 추구하는 과정에서 [개인이] 촉진하는 사회적 효율은
개인이 의도했던 것보다 더 크다."[24] 스미스가 말하는 시장의
"보이지 않는 손"이 작용하면서 개인의 악이 공공의 선으로 변모한다.
당대의 많은 지식인과 마찬가지로 스미스도 진보가 필연적이라고
생각했다. 스미스에게 진보란 더 많은 물질적 부를 생산하는
것이었다. 그러나 스미스가 제시한 보이지 않는 손은 자원 고갈
문제를 무시했다. 심지어 모피를 제공하는 동물과 고래 같은
자연 "자원"의 멸종도 무시했다. 사실 고전파 경제학은 지구의
자원이 자본으로 변모되면서 미치는 영향을 아무렇지 않게
무시했다. 고전파 경제학은 오직 경쟁자 사이의 자원 배분이라는
2차적 문제에만 집중했다.[25] 사실 지구의 자원은 단순히 희소한
수준이 아니다. 지구의 자원은 유한하다. 포경 산업과 마찬가지로
고전파 경제학도 자원의 유한성을 의도적으로 눈감았다. 그 결과
생산자와 소비자에게 자원을 다 써 버리라고 부추기게 되었다.

---

24) Adam Smith, *The Wealth of Nations.*
[국역: 김수행 옮김, 《국부론 상, 하》, 비봉출판사, 2007.]

25) Ponting, 155.

그래야만 최대한 빠른 시간에 더 많은 이윤을 얻고 더 크게 성장할
수 있을 터였다. 애덤 스미스가 기초를 놓은 주류 경제학은 한때
죄악으로 여겼던 이기심, 탐욕, 경쟁, 근시안 같은 가치를 높이
평가한다. 그리고 그 과정에서 지구를 약탈해 재앙을 몰고 오는
자본주의의 행태를 지적으로 정당화한다.

자본주의가 세계에 몰고 온 혼돈

신비롭기 그지없는 "보이지 않는 손"이 이기심을 바탕으로 이루어지는
고삐 풀린 경쟁과 공공의 선 사이의 화해를 주선한다는 말은 가망
없는 희망사항에 불과하다. 그러나 자본주의는 이와 같은 헛된
희망을 바탕으로 유지된다. 시야를 넓히면 근대 자본주의 사회는
각축을 벌이는 국가들을 토대로 조직되었다. 서로 상충하는 각국의
이해관계는 다양한 국제기구를 통해 조정되어야 할 터이지만,
당연하게도 이것 역시 헛된 희망에 불과하다. 자본주의는 주기적으로
과잉 축적 위기를 겪는다는 구조적인 특징을 가지고 있다. 이에 따라
부르주아는 해외시장 진출을 꾀하게 된다. 다른 국가의 부르주아 역시
유사한 형태의 확장 정책을 추구하다가 동일한 체계 위기를 겪기
때문에 자본주의하에서는 제국 간 경쟁으로 인한 전쟁이 끊임없이
이어진다.[26] 따라서 자본주의는 생태 위기를 심화시키는 혼란스러운

---

26) 제국주의를 야기하는 경제 메커니즘 및 정치 메커니즘에 대한 논의는 David Harvey,
The New Imperialism (New York: Oxford University Press, 2003)을 참고하라.
[국역: 최병두 옮김, 《신제국주의》, 한울, 2016.]

세계 체제를 창출한다.

자랑 삼아 사냥한 들소 두개골을 쌓아 놓은 유럽 정착자들.
들소 학살은 아메리카 원주민을 상대로 한 전투에서 중요한 요소였다.

제국주의의 의도적인 전략에 따라 생태 파괴가 이루어진 경우도
있다. 이러한 사례를 생태 전쟁이라고 부르기도 한다. 예를 들어
북아메리카의 대평원을 누빈 들소 떼를 사냥한 일은 아메리카
원주민에게서 식량 자원을 빼앗기 위해 설계된 군사 전략이었다.
유럽인이 처음 도착했을 때 대평원에는 수천 마리 들소가 서식했다.
들소는 유목하면서 자율적으로 생활하는 원주민들이 생계를
유지하는 데 필요한 자원이었다. 1830년대 상업을 목적으로 한

들소 사냥이 이루어졌고 매년 들소 200만 마리가 사라졌다.[27]

1891년 아메리카 대륙에 남은 들소는 1천 마리에도 못 미쳤다.
아메리카 원주민 공동체도 무너졌다. 유럽인과의 전투에서 패배한
아메리카 원주민은 보호라는 명목하에 불모의 보호구역에
고립되었다. 냉전 시대에 아메리카 원주민 보호구역은 미군이
사용할 무기를 실험할 "국가 희생 구역"이 되었다. 일례로 핵무기
폭발 시험은 네바다 사막에서 진행되었다.[28] 미군은 지구의
다른 지역에서도 이와 유사한 생태 폭력을 자행했다. 예를 들어
베트남전쟁에서 미군은 베트남 혁명군의 생태 기지를 파괴할
목적으로 거의 2천만 갤런에 달하는 살충제를 베트남 열대우림에
살포했다. 치명적인 살충제를 동원한 생태 전쟁은 미국 과학자들의
반발을 불러왔다. 미국 과학자들은 미군이 베트남에서 조직적으로
자행한 생태 파괴를 보고 회의감을 느끼지 않을 수 없었다.[29]
베트남전쟁에 대한 반발을 경험했음에도 미군은 여전히 전 세계
700곳에 기지를 운영하면서 지구에서 가장 심한 오염을 유발하고

---

27) Roxanne Dunbar-Ortiz, *An Indigenous People's History of the United States*
(New York: Beacon, 2014).

28) Broswimmer, 65.

29) Rebecca Solnit, *Savage Dreams: A Journey in the Hidden Wars of the American West*
(San Francisco: Sierra Club, 1994).

있다.[30]

그러나 대부분의 경우 동물과 식물은 자본주의가 유발한 제국 간 경쟁의 부수적 피해자이다. 자본주의 경쟁 체계에서는 어느 국가도 생태 황폐화라는 체계의 경향을 거스르는 행동을 할 수 없다. 그럴 힘도 없고 그래야 할 책임도 없다. 제국 간 경쟁 속에서 개별 국가는 자신의 책임은 회피한 채 환경 위기 해결에 나서지 않는 경쟁국 비난에만 열을 올린다. 자본주의 사회의 치명적인 모순은 지난 20년 동안 유엔이 여러 차례 주도한 기후 협상에서도 명확하게 확인할 수 있다. 협상 과정에서 미국 및 영국 같은 산업 선진국은 중국, 인도, 브라질 같은 개발도상국이 온실가스 배출을 줄이지 않는다면 자기들도 온실가스 배출을 줄이지 않겠다고 주장했다. 개발도상국은 자신들의 1인당 온실가스 배출량이 유럽과 북아메리카에 자리 잡은 부유한 국가의 1인당 온실가스 배출량에 크게 못 미친다는 점을 지적하면서 거세게 반발했다. 개발도상국은 지난 200년 동안 대기를 식민화하여 이룩한 산업 성장의 혜택을 사실상 산업 선진국만이 누렸고 과거 식민지였던 국가들은 아무런 혜택을 보지 못했다고 주장한다. 각각의 입장만 내세우고 한 치도 양보하지 않은 결과 온실가스 배출 감축에 대한 실효성 있는 국제 협약은 체결되지 못하고 있는 실정이다. 협약 체결을 애타게

30) David Zierler, *The Invention of Ecocide: Agent Orange, Vietnam, and the Scientists Who Changed the Way We think About the Environment* (Athens, GA: University of Georgia Press, 2001).

청원하는 과학자와 시민사회의 마음만 타들어 갈 뿐이다.
신자유주의적 탈금융규제, 기업 권한 강화, 거버넌스 축소 요구가
득세하게 되었다고 해서 기후 위기와 멸종 위기의 해결이 특별히
더 요원해진 것은 아니다.[31] 교착 상태에 빠진 기후 협상을 통해
자본주의가 창조한 세계 체계의 민낯이 낱낱이 드러나고 있다.
자본주의가 창조한 세계 체계는 근본적으로 비합리적이고
혼란스러우며 폭력을 쉽게 휘두르고 생태를 파괴하는 체계다.

자본주의 사회가 스스로를 개혁하여 멸종 위기에 대처할 수 있을까?
솔직히 말하면 그럴 가능성은 낮은 정도가 아니라 장기적으로 볼 때
아예 불가능하다. 환경운동 덕분에 기업과 국가가 1960년대 말부터
제기되어 온 지역 위기 해결에 나서게 된 것은 사실이다. 그러나
장기적인 관점에서 기후 변화와 멸종이라는 문제를 살펴보면,
자본주의 체계가 여전히 자신이 의존하고 있는 생태적 기초를
파괴하고 있다는 사실을 확인할 수 있다. 주기적인 체계 위기를
벗어나기 위해 자본주의가 제시했던 해결책은 축적의 새로운 장을
여는 것에 불과했다는 사실을 잊어서는 안 된다. 근본적으로 자본은
문제를 해결하는 과정에서조차 성장을 도모한다. 그러나 앞서
살펴본 것처럼 멸종 위기는 규제받지 않고 맹목적으로 이루어지는
성장의 산물이다. 이와 같은 맥락에서 볼 때 자본주의가 보존을 위해
기울이는 노력은 붕대를 감아야 할 상처에 반창고를 붙이는 수준에

31) Barry Sanders, *The Green Zone: The Environmental Costs of Militarism*
(Oakland, CA: AK Press, 2009).

그칠 것이다. 자본주의는 자신이 유발한 극심한 불평등을 해결할 수
없다. 따라서 가난한 사람은 생존을 위해 숲을 파괴하고 그 밖의
자원을 과도하게 추출할 수밖에 없다. 아무리 떠들썩하게 선전해도
자본주의가 보존을 위해 기울이는 노력은 결국 실패하고 말 뿐이다.
오늘날 활동하는 주요 보존 단체 대부분은 20세기 중반 이후
설립되었다. 자연보존협회Nature Conservancy, 1951, 세계야생기금
World Wildlife Fund, 1961, 자연자원보호위원회Natural Resources Defense Council,
1970, 국제보호협회Conservation International, 1987. 그러나 같은 시기에
신자유주의 원칙(규제받지 않는 초자본주의hyper-capitalism)을 바탕으로
하는 축적의 새로운 장이 열렸다. 신자유주의 시기에 글로벌
남반구의 부채는 계속 증가했다. 세계은행 같은 국제기구는 더 많은
나무를 베고 더 많은 광물을 추출하며 더 많은 석유를 퍼올려서
부채를 갚으라고 부추긴다. 그 과정에서 글로벌 남반구의 자연
자원은 빛의 속도로 줄어들었다. 그 결과 멸종률이 대폭 상승했고
전 세계 생태계가 빠르게 황폐화되었다.[32]

전 세계 생태계가 극적으로 무너져 가는 와중에도 기후 변화 위기는
축적의 새로운 장을 열어 주었다. 녹색 경제가 열어 줄 투자 기회에
대한 낙관적인 언급이 위기감을 무디게 만들었다. 기후 위기에 대한
신자유주의적 해결책(예: 자발적인 탄소 상쇄)은 탄소 배출을 줄일 수

32) Naomi Klein, *This Changes Everything: Capitalism vs. The Climate*
(New York: Simon and Schuster, 2014).
[국역: 이순희 옮김,《이것이 모든 것을 바꾼다-자본수의 대 기후》, 열린책들, 2016.]

없다. 오히려 지구 전역에서 자행되는 환경 공공재의 인클로저 및
파괴만 크게 늘어날 것이다.[33] 부유한 국가에서 오염을 유발하는
산업들은 계속해서 탄소를 배출할 것이고 글로벌 남반구에 사는
원주민과 소규모 자영농이 의존하는 숲과 농경지는 이산화탄소
"흡수원"이나 생물다양성 "은행"으로 전락할 것이다. 녹색 경제에서
대부분의 사람, 동물, 식물은 지구를 착취하는 과정에서 나타나는
생태 파괴의 부수적인 피해자로 전락할 것이다. 자본주의는 절대로
자신이 유발한 환경 위기를 해결할 수 없다.

33) Adrian Parr, *The Wrath of Capital: Neoliberalism and Climate Change Politics*
(Columbia University Press, 2014).

4 멸종을 저지하려는 움직임

결국 살아 있는 유기체는 모든 것이 이미 정해진,
사전에 구성된 생산 체계나 다름없다.
컴퓨터가 프로그램에 의해 지배되는 것처럼
살아 있는 유기체는 유전체에 의해 지배된다.
합성생물학과 합성유전체학은 생물 유기체가
프로그램할 수 있는 제조 체계라는 사실에 입각해
유전체를 대규모로 재구성하려고 시도한다.
한편 생물공학자는 유전자 소프트웨어를
소규모로 변화시켜 결과적으로 큰 변화를
유발할 수 있다.

— 조지 처치, 에드 레기스, 《재창조》*Regenesis*

2014년 9월 미국야생보호법US Wilderness Act이 제정 40주년을
맞이했다. 공유지 수백만 에이커를 보호할 목적으로 제정된
미국야생보호법은 야생을 명확하게 정의하고 있다. "지구와 지구상의
생명 공동체가 인간의 방해를 받지 않고 존재할 수 있는 영역."
그러나 미국야생보호법 제정 40주년이 무색하게도 세계야생기금이
발간한《지구 생명 보고서》*Living Planet Report*에 따르면 지구상의
야생동물 수는 미국야생보호법 제정 이전 대비 절반으로 감소했다.[1)]
야생의 영역은 점점 줄어들어 섬처럼 변했다. 얼마 남지 않은 야생의
섬을 "인간의 방해를 받지 않는" 보호구역으로 보존한다는 것이
야생 보존의 핵심적인 접근법이었다. 이 접근법은 철저하게
실패하고 말았다. 지난 반세기 사이 멸종 광풍이 전 지구를
휩쓸었다. 훼손되지 않은 자연이라는 개념 자체가 무색할 지경이다.
인간이 개입된 멸종으로부터 안전한 피난처는 없다. 야생은 심각하게
황폐화되었다. 지구에 남아 있는 야생이 황폐화되면서, 자연적 생물
다양성에 대한 인간의 관점은 세대를 거듭할수록 빈곤해졌다.
인간의 경험 자체가 멸종되고 있다고 해도 과언이 아니다.
제임스 매키넌은 이를 두고 **변화 불감증**이라고 언급했다.[2)] 황폐해진
자연과 자연에 대한 인지 결핍을 해결할 방법은 무엇인가? 종분화의

1) WWF, *Living Planet Report 2014*, http://wwf.panda.org/about_our_earth/
all_publications/living_planet_report/
[2021년 4월 26일 현재 2020년 리포트를 해당 사이트에서 찾아볼 수 있음.]

2) J. B. MacKinnon, *The Once and Future World: Nature As It Was, As It Is,
As It Could Be* (New York: Houghton Mifflin Harcourt, 2013).
[국역: 윤미연 옮김,《잃어버린 야생을 찾아서》, 한길사, 2016.]

종말이라는 망령 덕분에 복원생태학이 다시 한번 힘을 얻게 될까?
만일 그렇다면 가장 먼저 어떤 야생 생물종을 부활시켜야 할까?
야생복원론자들은 인간이 멸종을 주도했다면 새로운 야생을 창조할
수도 있다고 주장한다. 야생복원론은 마이클 슐레Michael Soulé와
리드 노스Reed Noss가 1990년대 말 처음 제기한 이론이다.

야생복원론자들은 대규모 멸종으로 인해 자연을 보존하기
어려워졌다고 인정한다. 두 생물학자가 도입한 야생 복원 개념의
바탕에는 당시로서는 파격적인 생각이 자리 잡고 있다. 즉, 세계
곳곳에 분포해 있는 대형 포식동물이 생태계의 다양성과 회복력을
유지하는 데 핵심적인 역할을 수행한다는 것이다. 한때 인간은
이와 같은 핵심 생물종 대부분을 인간에게 직접적인 위협을 가하는
존재로 인식했다. 그 결과 핵심 생물종 대부분이 서식지에서 쫓겨나
멸종 위기에 몰리게 되었다. 야생복원론자들은 뿔뿔이 흩어져
있는 보호구역을 서로 연결해 대규모 보호구역을 새로 조성하고,
새롭게 조성된 보호구역에 핵심 생물종을 다시 방사하면 야생을
광범위하게 복원할 수 있다고 주장한다. 야생 복원은 특정한 생태
지역에서 최근 몇 세기 사이 사라진 생물다양성 수준을 복원하려는
노력이다. 따라서 야생복원론자들은 야생 복원이 해당 생태 지역에
원래 서식하는 생물종을 보호하려는 기존의 보존 방법을 대체하는
것이 아니라 보충하는 것이라고 주장한다.

옐로스톤 국립공원의 야생 늑대 재방사 사업이 성공을 거두면서
야생 복원이라는 개념에 이목이 집중되었다. 19세기 이 지역을
식민화한 유럽 정착자는 야생 늑대를 유해한 포식자로 인식했다.

엘로스톤 국립공원에 다시 방사된 야생 늑대.
사진: 위키미디어 코먼스를 통해 스티브 저베트슨 제공.

늑대가 "더 가치 있는" 생물종인 사슴과 말코손바닥사슴을
잡아먹었기 때문이다. 덕분에 1900년대 중반 미국 본토 48개 주에
서식하는 늑대는 멸종 위기에 몰리고 말았다. 그러나 1960년대
미국 국립공원 관리청이 그동안 유지해 온 인간중심적인 정책을
변경했다. 엘로스톤 국립공원은 세심하게 통제되는 사냥금지구역이
아니라 그곳에 서식하는 야생동물이 자유롭게 활보할 수 있는 곳이
되었다. 이와 같은 변화에 호응한 생물학자들은 엘로스톤 국립공원에
늑대를 도입하자고 주장했다. 그래야 적어도 유럽 정착자와 그들이
기르는 소가 모습을 드러내기 이전 상태, 유럽 정착자가 포식동물에
대한 멸종 전쟁을 벌이기 이전 상태, 나아가 "자연" 상태로 생태계를
회복할 수 있을 터였다. 많은 사람들이 엘로스톤 국립공원에 늑대
무리를 풀어놓자는 생각에 반대했지만 1990년대 중반 시작된 늑대
재방사 사업은 큰 성공을 거뒀다. 엘로스톤 국립공원에 서식하는

회색 늑대의 주요 먹잇감은 말코손바닥사슴과 들소다. 늑대가 먹다 남긴 말코손바닥사슴과 들소의 사체는 회색곰과 퓨마를 비롯한 많은 동물의 먹이가 되었다. 덕분에 회색곰과 퓨마 개체수가 늘어났다. 늑대가 공원 저지대에 서식하는 말코손바닥사슴 무리를 쫓아내자 공원 저지대의 숲이 크게 회복되었다. 그 결과 기록적인 숫자의 새가 옐로스톤 국립공원으로 돌아왔다. 말코손바닥사슴 숫자가 줄어들어 풀을 덜 뜯게 되면서 강둑에 풀이 무성해져 물고기도 많아졌다. 늑대가 **연쇄 효과**(생태계에 최상위 포식자가 존재할 경우 해당 포식자의 직접적인 먹잇감 수뿐 아니라 직접적인 연관이 없는 생물종 수까지 변화하면서 유익한 효과가 연쇄적으로 나타나는 현상)를 유발한 것이다.[3] 옐로스톤 국립공원 같은 장소에 포식자와 대형 초식동물이 재도입되면서 생태계에는 하향식 연쇄 효과가 유발되었을 뿐 아니라 해당 지역의 토양 구성 요소와 대기에도 변화가 찾아왔다. 옐로스톤 국립공원의 생물다양성을 크게 높인 늑대는 야생복원론자들의 희망을 현실로 만들었다.

야생복원론자 조지 몽비오는 야생을 복원하면 야생 생태계뿐 아니라 환경에 대한 인간의 희망까지 복원될 것으로 내다본다. 몽비오는 기존의 보존생물학이 점점 더 빈곤해져 가는 자연 세계를 보존하는 데 급급하다고 비판하면서 야생 복원을 통해 그 수준을

---

3) George Monbiot, *Feral: Searching for Enchantment on the Frontiers of Rewilding* (New York: Allen Lane, 2013), 84. [국역: 김산하 옮김, 《활생》, 위고, 2020.] (2020년 번역된 몽비오의 책 *Feral*은 한국어 '활생'으로 번역되었다. 이 책에서는 이를 야생복원론으로 번역한다. -옮긴이.)

넘어서야 한다고 주장한다. 지금까지 제기된 주장과 달리 몽비오는 생태 변화가 반드시 종분화의 종말을 향하는, 끝없이 아래로 떨어져 내려가는 과정이 아니라고 주장한다. 몽비오는 야생 복원을 통해 파괴적인 과정을 거꾸로 뒤집을 수 있다고 주장한다. 그러면 침묵의 봄을 지나 시끌벅적한 여름으로 넘어갈 수 있을 것이다.[4] 몽비오에 따르면 한번 멸종한 생물종 자체는 영원히 돌아오지 않을 수 있다. 그러나 대형동물을 다시 방사하면 생태계를 재생할 수 있다. 따라서 야생 복원을 통해 생태 시계의 흐름을 되돌리면 잃어버린 시간을 복원할 가능성이 생길 것이다. 이와 같은 시간 이동은 자연에 대한 인간의 생각을 바꾸는 계기가 될 수 있다. 따라서 서식하던 곳에서 쫓겨나 멸종 위기에 몰려 있는 늑대 같은 핵심 생물종을 다시 방사하면 인간이 야생 감각을 회복할 계기가 마련될 것이다.

야생을 복원하면 환경 공간도 재구성할 수 있을 것이다. 기후 변화가 재앙을 몰고 올 것으로 예견되는 상황에서 생물학자들은 참신한 개념을 제시했다. 다소 불길하게 느껴지는 **군집화 지원**과 **생태적 대체**라는 개념이다. 기후 변화는 서식 환경의 변화를 유발한다. 따라서 경계가 명확한 기존의 국립공원이나 피난처의 서식 환경은 그곳에 서식하는 동식물에게 적합하지 않은 환경으로 변할 가능성이 높다. 변화는 매우 빠르게 진행된다. 일부 식물은 기후 변화가 유발한 서식지 변화에 대응하기 위해 말 그대로 일 년에

수십 미터씩 산 위로 올라가고 있다.[5] 이와 같이 빠르게 변화하는
상황에서는 외래종이 유발하는 부정적인 영향에 대한 두려움을 잘
다스려야 한다. 그렇지 않으면 소멸 위기에 몰린 생태계를 고스란히
잃을 수 있기 때문이다.[6] 여기에서 등장한 개념이 군집화 지원과
생태적 대체이다. 군집화 지원은 멸종위기종을 생태적으로 적절한
새로운 보호구역에 재배치한다는 것이다.[7] 반면 생태적 대체는
적절한 대체종을 도입해 멸종한 생물종이 담당했던 생태적 역할을
맡긴다는 것이다. 인간이 유발한 기후 변화로 인해 서식지의
불안정성이 커지고 있는 상황이다. 따라서 가까운 미래에는 군집화
지원과 생태적 대체 같은 야생 복원을 실행에 옮기게 될 가능성이
높다. 롭 닉슨은 생태 보존을 내세운 편협한 지역주의를 비판한다.
닉슨에 따르면 기존의 보존 활동은 대부분 생태계에 대한 편협한
정의에 머물러 있다. 그리고 이와 같이 편협한 정의는 생물 지역의
경계를 폄하하고 다양한 자연 공간의 연계망 및 거기에서
이루어지는 생물종 교환을 무시한다.[8]

5) Kolbert, *Sixth Extinction*, p. 159.

6) John Lascher, "If You Plant Different Trees in the Forest, Is It Still the Same Forest?"
The Guardian (19 October 2014)은 군집화 지원을 둘러싼 논쟁을 개괄적으로 정리하고 있다.
https://www.theguardian.com/vital-signs/2014/oct/19/-sp-forests-nature-conservan
cy-climate-change-adaptation-minnesota-north-woods [2021년 4월 26일 현재 접속 가능.]

7) Philip Seddon et al., "Reversing Defaunation: Restoring Species in
a Changing World," *Science* 345.6195 (2014): 406–412.

8) "Environmentalism and Postcolonialism," in Ania Loomba and Suvir Kaul, eds.,
Postcolonial Studies and Beyond (Durham, NC: Duke University Press, 2005), 233–51.

그런데 기본적으로 야생 복원은 배타적인 환경 공간 개념을
타파한다. 따라서 외래종에 대한 공포를 안고 있는 기존 환경주의의
공간 개념에 대안이 될 수 있을 것이다.

털매머드. 종 복원과 관련된 이야기에서 빠짐없이 등장하는
가장 유명하고 가장 위풍당당한 대형 멸종 동물.
사진: 위키피디아 커먼스를 통해 트레이시 O. 제공.

야생복원론은 과연 얼마나 먼 과거의 종을 복원하려는 것일까?
옐로스톤 국립공원에 늑대를 다시 방사한 결과 해당 지역은 유럽
정착자들이 식민지를 건설하기 이전의 시간대로 돌아갔다. 그러나
대부분의 야생복원론자들은 그 정도에 만족하지 않는다. 보다
철저한 보존을 원하는 사람들은 **플라이스토세 시대의 야생 복원**을
주장하기 시작했다. 호모 사피엔스가 전 세계로 퍼져 나가면서
멸종한 대형 척추동물을 다시 복원하면 인간이 세상에 등장하기

이전 생태계의 평형 상태로 돌아갈 수 있다고 주장하는 것이다.
멸종한 대형동물은 주변을 돌아다니면서 풀을 뜯어먹고 씨앗을
퍼뜨리거나 다른 동물을 포식하는 등 생태계 유지에 근본적인
역할을 했다. 따라서 대형동물이 멸종하자 균형이 급격하게
무너지면서 환경은 빈곤해졌다. 미국에서는 아메리카 대륙에 유럽
식민지가 건설되기 이전의 야생 상태를 오염되지 않은 환경으로
인식한다. 야생복원론자들은 미국 야생 보호 활동의 중심에 자리
잡고 있는 이 개념에 문제를 제기한다. 플라이스토세 시대의 야생을
복원해야 한다고 주장하는 사람들은 유럽 식민지 이전이 아니라
인간이 등장하기 이전의 환경을 오염되지 않은 환경으로 인식한다.
그들은 미국을 비롯한 여러 지역에서 보존하려고 노력하는
야생 개념이 신화에 불과하다고 주장하면서, 그보다 훨씬 이전
시대의 야생을 복원하려 한다. 그렇지만 옐로스톤과 요세미티 같은
국립공원을 조성하여 야생 보존을 추구하면서 해당 지역에
거주하는 아메리카 원주민을 내쫓으려는 태도를 보인다면 문제가
아닐 수 없다. 인간보다도 야생을 더 숭고하게 여기는 태도이기
때문이다.[9]

현재 야생 복원 개념을 가장 구체적으로 실현한 사례는 1989년
러시아 과학자 세르게이 지모프가 시베리아 원격지에 조성한

---

9) 오염되지 않은 야생의 자연이라는 개념에 대한 반박은 William Cronon,
"The Trouble With Wilderness; or, Getting Back to the Wrong Nature,"
in William Cronon, ed., *Uncommon Ground: Rethinking the Human Place in Nature*
(New York: W. W. Norton & Co., 1995), 69–90을 참고하라.

플라이스토세 공원이다. 지모프는 극한의 추위를 견딜 수 있는 초식동물(야쿠트말, 순록, 무스, 사향소 등)과 포식동물(여우, 곰, 늑대 등)을 한곳에 모았다. 지모프는 자기가 한데 모은 동물들이 지금은 불모지로 변해 버린 툰드라 지역의 생태계를 "매머드 생태계"로 바꾸는 데 기여할 것이라고 주장한다. 지모프가 "매머드 생태계"라고 칭한 생태계는 홀로세에 일어난 멸종 이전의 초지 환경이다.[10] 지모프는 "매머드 생태계"를 재창조하면 잃어버린 생물다양성을 회복할 수 있을 뿐 아니라 시베리아의 영구동토층이 녹으면서 대량 발생하는 탄소를 억제하여 기후 변화도 피할 수 있을 것이라고 주장했다. 미국에도 이와 유사한 움직임이 나타나고 있다. 미국에서 플라이스토세 야생을 복원해야 한다고 주장하는 사람들은 아프리카 코끼리와 아시아 코끼리, 사자, 치타를 방사했다. 대평원은 매머드, 대형 땅늘보, 그 밖의 여러 대형 멸종 동물이 서식했던 곳이다. 미국의 생태복원론자들 역시 지모프와 마찬가지로 생물다양성 증진과 기후 변화 완화, 생태 관광 활성화를 장점으로 내세웠다.[11] 야생복원론자들은 고유한 생태계의 보존이라는 기본적인 생각에 문제를 제기한다. 그러면서도 정작 본인들은 아무 공간과

---

10) Sergey Zimov, "Pleistocene Park: Return of the Mammoth's Ecosystem," *Science* 308.5723 (6 May 2005), 796–798.

11) Paul S. Martin, *Twilight of the Mammoths: Ice Age Extinctions and the Rewilding of America* (Berkeley, CA: University of California Press, 2005); Josh Donlan, "Lions and Cheetahs and Elephants, Oh My!" *Slate*, August 18, 2005. *The Rewilding Institute* at http://rewilding. org/rewildit/ 과 *Rewilding Europe* at http://www.rewildingeurope.com/도 참고하라. [2021년 4월 26일 현재 접속 가능.]

아무 시간의 동식물을 마구잡이로 선택하는 것처럼 보인다.
아무튼 보존론자나 복원론자 모두의 바탕에는 오염되지 않은
자연 세계에 대한 그리움이 깔려 있다. 그리고 바로 이와 같은
그리움이 야생 철학의 원동력이다. 야생복원론자들은 홀로세에
일어난 멸종에 지나치게 집착한 나머지 지구 전역에서 일어나는
생태 파괴에 자본주의가 중심 역할을 담당하고 있다는 사실을
제대로 이해하지 못한다. 또한 불평등하고 폭력적인 식민주의와
제국주의가 과거부터 지금까지 이어져 내려오면서 지구를
산산조각 내고 있다는 사실도 애써 외면한다.

플라이스토세 야생을 복원해야 한다고 주장하는 사람들보다
더 파격적인 멸종 위기 대책을 내미는 사람들도 있다. 바로
종복원론자들이다. 종복원론은 진화의 시간을 거슬러 과거로
돌아가려 한다는 점에서 야생복원론과 유사하지만 그 강도가
더 세다. 사실 역교배 방법을 활용해 멸종한 생물종에 근접한
종을 복원하려는 시도는 이미 1920년대에 시작되었다. 당시
독일의 헥Heck 형제는 현재 살아 있는 모든 소의 조상인 오록스
aurochs 복원을 시도했다.

오늘날에는 타우로스Tauros 프로그램이 역교배 방법을 활용한
오록스 재창조 시도를 이어가고 있다. 과거와 다른 점은 분자생물학과
분자유전학을 통해 확보한 오록스의 유전체에 대한 지식을
활용한다는 점이다. 타우로스 프로그램은 2020년이 되기 전에
타우로스라는 소 품종을 복원해 야생을 복원한 지역(에: 네덜란드

오스트파르더르스플라선Oostvaardersplassen 공원)에 풀어놓을 생각이다.
타우로스 프로그램을 지지하는 사람들은 복원된 타우로스가
오록스와 구분할 수 없을정도로 유사할 것이라고 주장한다.[12]

오늘날 만나볼 수 있는 소의 조상인 오록스.
오록스는 현재 진행 중인 역교배 사업에서 가장 주목하는 생물종이다.
사진: 위키피디아 커먼스를 통해 핀핀 제공.

타우로스 프로그램보다 더 과격한 시도도 있다. 바로 유전체 기술의
잠재력을 총동원해 멸종한 생물종(예: 틸매머드)을 부활시키려는
노력이다. 멸종한 동물 중 이미 새 생명을 얻은 동물도 있다. 2000년
프랑스와 스페인 공동 연구팀은 종 간 핵 치환 복제 기술을 이용해
마지막 피레네 아이벡스(2000년 초 스페인 북부에서 사체로 발견)의
피부세포 핵을 가축으로 기르는 염소의 난세포에 이식한 뒤

12) Elizabeth Kolbert, "Recall of the Wild: The Quest to Engineer a World Before
Humans," *The New Yorker* (24 December 2012), http://www.newyorker.com/
magazine/2012/12/24/recall-of-the-wild [2021년 4월 26일 현재 접속 가능.]

대리모를 통한 출산에 성공했다.[13] 그렇게 태어난 아이벡스는 출생
직후 숨졌지만, 이 실험을 통해 멸종한 생물종에게 새 생명을 줄 수
있다는 가능성이 입증되었다. MAGE(다중 유전체 자동화 공학)를
창시한 조지 처치 같은 과학자들은 멸종한 생물종이 남긴 유전체를
활용하거나 화석에 남아 있는 유전체를 복원하여 활용할 수 있다면,
합성생물학을 통해 멸종한 생물종을 부활시킬 수 있다고 주장한다.
핵심은 동물종을 유전 정보 집합으로 개념화하여 컴퓨터에 저장할 수
있는 문자열로 바꾸는 것이다. 이와 같은 관점에서는 동물이든
인간이든 컴퓨터 부호로 손쉽게 치환할 수 있는 유전부호에 불과하다.[14]
특정 생물종의 유전체 정보를 복원하거나 해독하는 일이 어렵지,
복원 또는 해독된 정보를 동물의 유전자와 유전체를 구성하는
뉴클레오티드열로 변환하는 일은 어렵지 않다.[15] 조지 처치가 창시한
MAGE 기술 덕분에 유전공학 기법이 한층 더 빠르게 발전할 수 있었다.
이제 과학자들은 한 동물(예: 매머드)의 유전체를 견본으로 사용해
다른 동물(예: 코끼리)의 온전한 유전체를 재조정할 수 있게 되었다.
그 과정에서 살아 있는 매머드 복제에 사용될 새로운 유전체가
창조된다. 거기에 멸종한 피레네 아이벡스를 되살리는 데 사용한
핵 치환 복제 기술을 적용하면 살아 있는 매머드를 만나볼 수

13) George Church and Ed Regis, *Regenesis: How Synthetic Biology Will Reinvent Nature and Ourselves* (New York: Basic Books, 2012), 10.

14) 유전부호로의 치환에 대해서는 Eugene Thacker, *The Global Genome: Biotechnology, Politics, and Culture* (Cambridge, MA: MIT Press, 2005)를 참고하라.

15) Church and Regis, 10.

있을지도 모를 일이다. 이와 같은 "유전체 보존" 노력을 조직화하는
일에는 **재생과 복원**Revive and Restore 같은 단체가 힘을 보태고 있다.
재생과 복원은 매머드뿐 아니라 나그네비둘기, 카리브해
몽크바다표범, 황금사자타마린을 비롯해 다양한 멸종 동물의
부활을 기대하고 있다.[16]

야생복원론의 목적은 환경이 잃어버린 시간을 복원하는 것이다.
조지 처치에 따르면 합성생물학의 목적은 "과거의 진화 장면을
재생하고 진화가 이루어진 적이 없는 곳에서 진화를 이루는 것"이다.[17]
따라서 종복원론은 재창조와 밀접하게 관련된다. MAGE는
"진화 기계"라는 별칭을 갖고 있다. 수백만 년에 걸쳐 이루어지는
유전적 돌연변이를 단 몇 분 만에 유발할 수 있기 때문이다. 재창조
개념에서 기독교 성서의 느낌이 물씬 풍기는 것도 이상한 일은
아니다. 합성생물학을 지지하는 사람들은 합성생물학이 인간을
문자 그대로 신의 반열에 올려놓을 것이라고 주장한다. 멸종한
생물을 부활시킬 뿐 아니라 인간의 필요에 부합하는 새로운 생물을
만들어 낼 수 있기 때문이다.[18] 이와 같은 약속은 대중의 상상력을
자극해, 재생과 복원 같은 단체에 막대한 금액의 벤처 투자 자본이
모이기도 했다. 그러나 가장 열정적인 종복원론자들조차 아직
해결해야 할 문제들이 많다고 인정한다. 예를 들어 생물학자들은

16) Nathaniel Rich, "The Mammoth Cometh," *New York Times Magazine.*

17) Church and Regis, 12.

18) Church and Regis, 12.

야생 환경 복원보다 유전체 조작에 더 능숙하다.[19] 게다가 많은
보존생물학자들은 멸종한 생물종 복원에 그토록 막대한 시간과
자본을 투입하는 것이 사리에 맞는지 의문을 표한다. 예를 들어
나그네비둘기를 멸종으로 몰고 간 위협(서식지 파괴)이 계속
강화되는 마당에 멸종한 나그네비둘기를 복원한들 무슨 의미가
있겠는가? 멸종한 생물종 각각을 부활시키더라도 부활한
생물종에게 황폐한 서식지를 제공한다면 그들에게 다시 한번
멸종을 선고하는 비극으로 끝나고 말지도 모를 일이다.

종복원론은 매력적이다. 그러나 종복원론은 자칫 자본주의의
체계적인 모순이 유발한 환경 위기를 기술로 해결할 수 있다는
위험한 망상에 빠지기 쉽다. 종복원에 대한 관심이 높아지면서
경제 자원이 그쪽으로 쏠리고 있다. 그 바람에 생물다양성을
보존하려는 기존의 노력이 홀대받으면서 지원이 줄어드는
형편이다.[20] 더 근본적인 문제는 종복원이 자연을 조작하고
상품화하는 방식으로 이루어진다는 점이다. 즉, 종복원은
생명자본주의이다. 벌써부터 미국 변호사들은 재생된 생물종
(예: 매머드)이 "인간이 독창적으로 생산"한 것이라면 특허 대상이

19) Josh Donlan, "De-extinction in a Crisis Discipline,"
Frontiers of Biogeography 6.1 (2014), 25–28.

20) *Scientific American* Editors, "Why Efforts To Bring Extinct Species Back
from the Dead Miss the Point," *Scientific American* 308.6 (14 May 2013),
http://www.scientificamerican.com/article/why-efforts-bring-extinct-species-back-
from-dead-miss-point/ [2021년 4월 26일 현재 접속 가능.]

될 수 있을 것으로 내다본다.[21] 따라서 종복원은 신자유주의 연구
패러다임에 완벽하게 부합한다. 신자유주의 연구 패러다임은
1980년 제정되어 과학 탐구에 대한 특허를 합법화한 베이돌법
Bayh-Dole Act과 1990년대 중반 출범한 세계무역기구가 전 세계에
부과한 지식재산권 협정에 따라 구축된 패러다임이다.[22]

따라서 종복원은 살아 있는 유기체에 대한 지식재산권을 창출하고
획득함으로써 자본 축적의 새로운 장을 열 군침 도는 기회를 제공한다.
1980년대 이후 이와 같은 변화를 가장 구체적으로 실현한 분야는
미국 석유화학 산업과 제약 산업일 것이다. 그 시기에 이 두 산업은
새롭고 청정한 생명과학의 전파자라는 새로운 이미지를 얻었다.
포드주의 시대를 대표하는 대량생산 방식으로 생산되는 화학비료와
살충제에서 나오는 이윤도 줄어드는 추세다. 그러자 몬산토 같은
농기업은 생명기술 스타트업 기업을 인수하여 생명 자체를 창조하는
기업으로 변신했다. 멜린다 쿠퍼는 자본의 변화에 대해 다음과 같이
언급했다. "자본은 새로운 생산 공간(예: 분자생물학)과 새로운 축적
체제로 이동하고 있다. 새로운 축적 체제에는 이전보다 훨씬 더 많은

21) Dr. Norman Carlin, Ilan Wurman, and Tamara Zakim, "How To Permit Your
Mammoth: Some Legal Implications of 'De-Extinction'," *Stanford Environmental Law Journal*
33.3 (January 2014), https://law.stanford.edu/publications/how-to-permit-your-mammoth-
some-legal-implications-of-de-extinction/ [2021년 4월 26일 현재 접속 가능.]

22) Melinda Cooper, *Life as Surplus: Biotechnology and Capitalism in the Neoliberal Era*
(Seattle, WA: University of Washington Press, 2008), 27.
[국역: 안성우 옮김, 《잉여로서의 생명》, 갈무리, 2016.]

금융 투자가 필요하다."[23] 기계 생산 시대 이후 새롭게 열린 시대에 기업은 생물 특허를 통해 유기체의 창조 원리와 유전부호를 소유할 수 있다. 이제 기업은 더이상 유기체 자체를 소유하지 않는다. 따라서 생물 생산은 자본이 잉여가치를 창출하는 첫 번째 수단으로 전환된다. 새롭게 열린 생명자본주의 체제에서 살아 있는 유기체는 조지 처치와 에드 레기스의 표현에 따르면 "프로그램할 수 있는 제조 체계"로 전락한다.[24]

미국 제국주의가 창조한 생명자본주의는 이미 깊이 뿌리내리고 있다. 생명과학에 대한 대규모 투자는 생명자본주의 축적 체제의 특징이다. 이 축적 체제는 1979~1982년 사이 통화주의자들이 일으킨 반혁명의 산물이다. 당시 미국은 이자율을 조정하여 전 세계 금융이 미국 시장과 달러로 흘러들어 가게 만들었다.[25] 그 이후 줄곧 미국은 지속적으로 유입되는 자본을 활용해 상승일로에 있는 재정 적자를 메워 왔다. 그 결과 자본가만 즐거운 비명을 지르는 상황이 연출되었다. 덕분에 미국은 잠시나마 경제적 한계와 생태적 한계를 완전히 무시할 수 있었다. 그러나 종속된 국가로부터 자본을 빼앗지 않고서는 부채를 기반으로 한 미국 제국주의를 유지할 수 없다. 따라서 이들은 국제통화기금과 세계은행 같은 국제기구를

23) Cooper, 23.

24) Church and Regis, 4.

25) 멜린다 쿠퍼는 통화주의 혁명과 생명 과학 연구에 대한 투자 증가 사이의 연관성을 지적한다. Cooper, 29-31을 참고하라.

동원해 아무 짝에도 쓸모 없는 구조조정 정책을 종속 국가에
부과한다.[26] 개발도상국은 지구 전역에서 자행되는 공공재에 대한
인클로저를 몇 차례 겪으면서 부채에 짓눌려 있다. 따라서 공공
자산을 매각하고 경제의 문호를 열어 외부 자본의 침투를 허용할
수밖에 없는 형편이다. 그럼에도 생명자본주의를 전파하는
이론가들은 강탈을 통해 축적이 이루어지는 현실을 무시한다.
《혼돈으로부터의 질서》에서 일리야 프리고진은 열역학 제2법칙에
내재한 한계 관념에 의문을 제기한다. 모든 자연이 스스로 조직하는
법칙을 따르기 때문에 생물학적 과정과 생물학적 체계의 특징인
복잡성이 높아질 수밖에 없다는 것이다.[27] 생명자본주의 패러다임이
물결치는 오늘날 신자유주의자들은 프리고진 같은 과학자를
앞세운다. 그들은 경제도 생명 자체와 마찬가지로 끊임없이 자기를
규제하면서 스스로 생성하는 존재 또는 자가 생성하는 존재라고
주장한다.[28] 더불어 생명과 마찬가지로 자본주의도 재앙에 가까운
위기를 여러 차례 겪으면서 더 복잡하고 새로운 형태로 되살아나는
존재라고 주장한다. 신자유주의자들은 자본주의의 재생 과정을
진화의 역사에서 찾아볼 수 있는 대규모 멸종에 빗댄다.

26) David Harvey, *The New Imperialism*
(New York: Oxford University Press, 2003), 67.

27) Ilya Prigogine and Isabelle Stengers, *Order Out of Chaos: Man's New Dialogue
With Nature* (New York: Bantam, 1984).
[국역: 신국조 옮김, 《혼돈으로부터의 질서》, 자유아카데미, 2011.]

28) Cooper, 38.

신자유주의는 보존과 관련된 분야에도 파고들었다.
덕분에 생물다양성에 대한 논의의 장이 **재난 생명자본주의**라고
불러도 좋을 만한 사상을 정립하는 장으로 바뀌어 가고 있다.
나오미 클라인이 재난자본주의라고 묘사한 현상은 정치적 재난을
자본 축적의 기회로 삼고, 멸종 위기를 더 많은 생명 자체를
상품화할 기회로 삼는다.[29] 2007년 개최된 유엔기후컨퍼런스를
예로 들어 보자. 유엔과 세계은행은 **산림 전용 및 황폐화 방지**와
이에 따른 **배출 감소**REDD 계획을 발표했다. 이 계획의 골자는
숲 파괴를 줄이고 현재 남아 있는 숲을 보호하는 글로벌 남반구
국가에게 보상을 하라는 것이다. REDD 계획에 따르면 글로벌
남반구 국가는 보존된 숲에 저장된 탄소를 수량화하여 오염을
유발하는 글로벌 북반구 국가에 판매하고, 글로벌 북반구 국가는
저장된 탄소를 구입해 자신들이 배출한 오염을 "상쇄"할 수 있다.
REDD가 출범했지만 원주민과 숲에 의존해서 생활하는 공동체의
의견은 반영되지 않았다. 따라서 토지 수탈과 인권 침해만
유발되었다.[30] 언제나 그렇듯 기업이 통제하는 REDD 같은 국제
협약에서는 지역의 토지 수호자가 생물다양성을 파괴하는 주체로
둔갑한다. 따라서 지역의 토지 수호자는 강압적인 방식으로
토지에서 쫓겨난다. 그러고 나면 생태계는 사유화되고 전 세계

29) Naomi Klein, *The Shock Doctrine: The Rise of Disaster Capitalism*
(New York: Picador, 2008).
[국역: 김소희 옮김, 《쇼크 독트린-자본주의 재앙의 도래》, 살림Biz, 2008.]

30) Stefano Liberti, *Land Grabbing: Journeys in the New Colonialism*
(New York: Verso, 2014). [국역: 유강은 옮김, 《땅뺏기》, 레디앙, 2014.]

자본 시장에서 거래되어 이윤을 창출할 수 있는 상품으로
전락하고 만다. 2008년 유엔생물다양성협약은 REDD 패러다임을
토대로 "환경 서비스" 시장 모델을 출범했다. 기업과 생물다양성
이니셔티브를 통해 이루어지는 환경 서비스에는 상쇄 기제와
"자연 자본" 창출 기제가 포함되었다.[31] 이와 같은 체계에서
글로벌 남반구의 환경 공공재는 자연 자본의 원천으로 전락했다.
열대우림과 대양, 거기에 깃들어 사는 무수한 생명은 수량화되어
전 세계 시장에서 거래할 수 있는 상품이 되었다. 따라서
생물다양성은 상쇄권 발행기로 전락했다. 오염을 유발하는 기업과
정부는 상쇄권을 구입하는 대신 계속해서 생태를 혼란에 빠뜨릴 수
있는 권리를 얻게 되었다. 세계에서 가장 저명한 몇몇 환경 보존
비정부기구조차 재난 생명자본주의를 인정하고 나섰다. 대표적인
단체로는 국제보호협회, 세계자연기금Worldwide Fund for Nature,
자연보존협회, 환경보호기금Environmental Defense Fund을 꼽을 수 있다.[32]
소름 끼치는 일은 이와 같은 보존 단체 대부분이 환경 위기가
유발하는 사회적 영향을 강화하고 있다는 점이다. 이와 같은
보존 단체들은 원주민들이 토지를 관리할 능력이 없다고 주장하면
서 글로벌 남반구 국가들을 부추겨 보호구역에 거주하는 원주민을
몰아내고 있다. 그 결과 "보존 난민"이라는 새로운 난민이

31) Global Justice Ecology Project, *The Green Shock Doctrine* (12 May 2014),
http://globaljusticeecology.org/green-shock-doctrine/ [2021년 4월 26일 현재 접속 가능.]

32) Ibid, 8.

등장하게 되었다.[33]

33) John Vidal, "How the Kalahari Bushmen and Other Tribespeople Are Being Evicted to Make Way for 'Wilderness,'" *The Guardian* (15 November 2014), http://www.theguardian.com/world/2014/nov/16/kalahari-bushmen-evicted-wilderness [2021년 4월 26일 현재 접속 가능.]

5 철저한 보존

'결국 누구든 죽는다'는 철학이
제1세계와 제3세계의 경제 발전을 이끌었다.
사회주의 국가든 자본주의 국가든 마찬가지였다.
경제 개발 과정은 인간 복지를 증가시켰지만
모두가 그 혜택을 누린 것은 아니었다.
경제 개발 과정은 환경에 철저하게 무감각했다.
다음 세대의 필요에도 냉담했다.
...

아무짝에도 쓸모없는 근시안적 사고를 넘어서야 한다고
사람들과 정부를 일깨운 것은 '글로벌 녹색 운동'이다.
이들의 노력이 없었다면
순다르반스의 숲에서 어슬렁거리는 호랑이와
아프리카의 초원에서 조심스럽게 먹잇감의 뒤를 밟는
사자를 볼 수 없었을 것이다.
이들의 노력이 있었기에 자연의 산물이
인간 구성원 사이에서 보다 공정하게 분배되고
아이들이 강물을 더 거리낌없이 마시고
도시의 공기를 마음껏 숨쉴 수 있는 것이다.

– 라마찬드라 구하
《세계 환경운동의 역사》*Environmentalism: A Global History*
[국역: 권태환 옮김, 《환경 사상과 운동》, 다산출판사, 2006.]

주류 환경운동이 신자유주의적 정책에 포섭된 상태라면 철저한
반자본주의 보존 운동은 어떤 모습이어야 할까? 철저한 반자본주의
보존 운동은 우선 멸종 위기가 환경에 관한 쟁점인 동시에 사회정의에
관한 쟁점임을 이해해야 한다. 멸종 문제는 오래전부터 자본주의가
특정한 사람, 동물, 식물을 지배하면서 나타난 문제이다. 철저한
반자본주의 보존 운동은 멸종 위기를 박탈당한 사람들이 축적에
맞서 벌이는 투쟁의 핵심 요소로 인식해야 한다. 다시 말해 멸종
위기는 기후정의를 추구하는 투쟁의 중심에 서야 한다. 종복원 같은
기술 주도적 해결책 덕분에 생명자본주의라는 축적의 새로운
장이 열리고 있다. 따라서 멸종에 맞서는 반자본주의 운동은 토지,
사람, 동식물을 상품으로 전환하려는 시도를 거부해야 한다.
제국주의는 지구 전역의 공공재를 인클로저하려 하고, 자본주의는
생물 해적질을 자행한다. 멸종에 맞서는 반자본주의 운동은
생물다양성 보존 논의를 앞세우고 그 뒤에 몸을 숨긴 제국주의와
자본주의를 거부해야 한다. 유엔기후변화협약UNFCCC의 기업과
생물다양성 이니셔티브는 인클로저에 대해 논의하는 장이다.
그들이 하는 일을 폭로하여 더이상 이들이 활동하지 못하게 막아야
한다. 무엇보다 반자본주의 보존 운동은 지식재산권이라는 형태로
유전체가 사유화되는 일을 막아야 한다. 사유화된 유전체는 유기물
제조 공장에 투입되어 전 세계 지배층의 배만 불리고 말 것이기
때문이다.

합성생물학은 반드시 규제해야 한다.[1] 식물, 동물, 인간의 유전
정보는 지구 공동의 부이기 때문이다. 환경 공공재인 유전 정보를
활용할 때는 반드시 평등, 연대, 환경정의, 기후정의라는 원칙을
준수해야 한다.

야생 복원의 목적은 멸종 문제를 해결하는 것이다. 그러나
야생 복원은 지구 전체의 분배정의와 기후정의를 고려하지 않는다.
따라서 해결책으로 인정할 수 없다. 야생복원론은 부유한 국가가
자리 잡고 있는 지역에만 초점을 맞춘다. 예를 들어 조지 몽비오가
주창한 "세계야생복원선언"에는 유럽 야생 복원 계획만 언급되어
있다. 몽비오는 유럽에도 세렝게티 국립공원 같은 장소가
한두 곳쯤은 있어야 하지 않느냐고 반문하면서 선언을 마무리한다.[2]
그러나 탄자니아 세렝게티 국립공원과 글로벌 남반구에 자리 잡은
야생의 영역에 대한 유럽의 책임 문제를 따져보는 일이 먼저다.
유럽의 책임을 생각하면 개탄스럽기 짝이 없다. 예를 들어 2013년
에콰도르는 야수니-ITT 이니셔티브를 포기했다. 대신 에콰도르는
야수니 국립공원에서 시추된 석유로 (부유한 국가가) 벌어들이게 될

---

1) 2014년 열린 유엔생물다양성협약에서 합성생물학을 규제하려는 움직임이 있었다.
그러나 합성생물학 관련 산업이 이미 발전한 국가와 영국 같은 국가에서는 이에 격하게
반대했다. "Regulate Synthetic Biology Now: 194 Countries," *SynBio Watch*
(20 October 2014), http://www.synbiowatch.org/2014/10/regulate-synthetic-biology-
now-194-countries/를 참고하라. [2021년 4월 26일 현재 접속 가능.]

2) George Monbiot, "A Manifesto For Rewilding the World," http://www.monbiot.
com/2013/05/27/a-manifesto-for-rewilding-the-world/ [2021년 4월 26일 현재 접속 가능.]

수익의 절반을 받기로 했다.[3] 야수니-ITT 이니셔티브는 야수니
국립공원(유엔생물권보전지역)에서 이루어지는 석유 탐사를
중단시키려는 사업이었다. 야수니-ITT 이니셔티브 운영을 위해
설정된 트러스트 기금도 있었지만 그 액수는 에콰도르 정부가
부유한 국가로부터 받게 될 금액에 비하면 보잘것없었다. 글로벌
북반구는 현재 글로벌 남반구가 보유한 생물다양성을 보존하겠다고
말한다. 그러나 글로벌 북반구가 그 약속을 지킬 의지가 있는지
확인할 수 있는 구체적인 증거는 거의 없다. 따라서 글로벌 북반구가
야생 복원에 최선을 다할 것이라고 확신하기 어렵다. 게다가
야생복원론이 내세우는 방법에도 문제가 있다. 야생복원론은
코끼리같은 위풍당당한 아프리카의 대형동물을 수입한 뒤 서유럽
또는 북아메리카의 불모지에 풀어놓아 이들을 멸종으로부터
구하겠다고 주장한다. 그러나 이와 같은 태도는 최신 제국주의
생태학에 불과하다. 그럴싸한 동물원을 차려 놓고 아프리카 야생과
아시아 야생에서 훔쳐 온 동물들을 전시하는 것과 다를 바 없기
때문이다.[4] 마지막으로 야생복원론은 핵심 종의 역할을 매우 강조한다.
예로부터 서양은 아름답고 거대하며 위풍당당한 동물 보존에만
열을 올렸다. 야생복원론 역시 이와 같은 행보에서 벗어나지 못했다.
따라서 오늘날 멸종 위기에 몰려 있는 대부분의 동식물은

---

3) Jonathan Watts, "Ecuador Approves Yasuni National Park Oil Drilling in Amazon
Forest," *The Guardian* (16 August 2013), http://www.theguardian.com/world/2013/
aug/16/ecuador-approves-yasuni-amazon-oil-drilling [2021년 4월 26일 현재 접속 가능.]

4) Peder Anker, *Imperial Ecology* (Cambridge, MA: Harvard University Press, 2009).

야생복원론의 주목을 받지 못하는 형편이다.

반자본주의 보존 운동이 동식물을 전유했던 식민지의 착취 역사를
인식하는 데 그쳐서는 안 된다. 반자본주의 보존 운동은 식민지
시대와 동일한 방식으로 자행되는 착취에 맞서 싸우는 방법에도
주목해야 한다. 유럽 식민주의자들의 대형동물 사냥 놀이가 끝난
이후에도 세렝게티 국립공원 같은 곳에서 야생이 되살아나기까지
수세기가 걸렸다. 오늘날에는 온갖 무기로 무장한 밀렵꾼이 세계의
생물다양성을 보존하고 있는 핫스팟에서 다시 한번 대형동물을
위협하고 있다. 코끼리 엄니와 코뿔소 뿔을 해외 시장으로 보내는
밀렵꾼이 사용하는 무기는 대부분 수십 년 전 이 나라들이 냉전의
대리인이 되어 전쟁을 벌였을 때 사용하던 것이다. 게다가 아프리카
국가들은 밀렵꾼의 활동을 제대로 저지하지 못한다. 국제통화기금과
세계은행이 부과하는 구조조정 정책 때문에 글로벌 남반구
국가들이 붕괴 위기에 처해 있기 때문이다. 멸종 위기를 해결하려는
시도는 글로벌 북반구의 야생 복원 문제에만 주목해서도 안 되고,
지구 전역에서 이루어지는 야생동물 거래 근절에만 주목해서도
안 된다. 반자본주의 운동이 멸종 문제를 해결하기 위해서는
대형동물 학살로 이어지는 경제 불평등과 정치 불평등 같은
근본적인 문제에도 관심을 기울여야 한다. 멸종 위기는 새롭게
등장하는 채굴주의라는 맥락에도 주목해야 한다. 가난한 국가
대부분이 새로운 채굴주의에 굴복해 동식물과 광물 자원을
산업국가의 소비자 시장에 헌납하고 있다. 제국주의의 새로운
흐름인 새로운 채굴주의는 더 가난한 국가의 생물학적 기초를

무너뜨려 그들의 미래 자체를 훼손한다.[5]

멸종 문제 해결과 환경정의를 추구하는 광범위한 반자본주의
운동은 어떤 모습이어야 하고 근본적인 목표는 무엇이어야 할까?
이 책에서 열거한 생태 파괴의 책임은 대부분 선진국에 있다.
광범위한 반자본주의 운동은 우선 이 사실을 인식하고 인정해야
한다. 그러면 글로벌 북반구에 자리 잡은 부유한 국가들이 글로벌
남반구에 지고 있는 생물다양성 부채도 인식할 수 있을 것이다.
반자본주의 보존 운동은 기후정의 운동과 마찬가지로 생물다양성
부채 상환을 요구해야 한다.[6] 그렇다면 생물다양성 부채를 상환하는
방법은 무엇인가? REDD 사례에서 확인한 것처럼, 글로벌 남반구에
자리 잡은 국가들이 글로벌 북반구에 자리 잡은 국가들로부터
생물다양성 부채를 돌려받았다 해도 언제나 그것이 공정한
방식으로 활용되는 것은 아니다. 오히려 글로벌 남반구 국가들이
자원 착취 회사와 결탁해 진정한 토지 수호자인 숲에 거주하는
원주민을 쫓아내는 것이 현실이다. 기후정의 운동은 기후 채권국의
주민들에게 보편적 소득을 보장할 것을 요구하고 있다. 그와 같은
요구는 생물다양성 부채 상환 과정에서도 모델로 삼을 만하다.
세계의 생물다양성을 보존하고 있는 핫스팟에서 탄소와 생물다양성을

---

5) Henry Veltmeyer and James Petras, eds., *The New Extractivism: A Post-Neoliberal Development Model or Imperialism of the 21st Century* (New York: Zed Books, 2014).

6) 기후 부채 상환 사례는 Andrew Ross, *Creditocracy and the Case for Debt Refusal* (New York: OR Books, 2014)을 참고하라. [국역: 이유진, 김의연, 김동원 옮김, 《크레디토크라시》, 갈무리, 2016.]

기반으로 소득 보장 정책을 펴지 못할 이유는 없다. 육상 생물다양성
핫스팟 25곳 가운데 15곳은 기본적으로 열대우림에 자리 잡고 있다.
이곳은 배출된 탄소를 흡수할 수 있는 최적의 장소이다. 생태계가
위협받고 있는 핫스팟의 예로는 브라질 대서양 해안에 자리 잡은
고온다습한 열대우림, 멕시코 남부를 중심으로 하는 중앙아메리카,
열대 안데스산맥, 대★안틸제도, 서아프리카, 마다가스카르,
인도의 서가트 지역, 인도-버마, 인도네시아, 필리핀, 뉴칼레도니아를
꼽을 수 있다. 이 지역이 차지하는 면적은 지구 표면적의 1.4퍼센트에
불과하지만, 에드워드 윌슨에 따르면 "전 세계 식물종의 44퍼센트,
전 세계 조류, 포유류, 파충류, 양서류의 3분의 1이 서식"하는
지역이다.[7] 이 지역은 모두 인클로저와 생태 파괴로 심한 몸살을
앓고 있다. 생물다양성을 보존하고 있는 핫스팟에 거주하는
주민에게 보편적 소득을 보장하는 정책을 펴면 이들이 밀렵의
유혹에 빠지는 것을 방지할 수 있다. 그리고 풍부한 생물다양성의
수호자인 숲 거주 원주민들에게 경제적 힘과 정치적 힘을 부여할 수
있다. 그렇게 되면 정부도 보존에 필요한 대책을 구현하게 될 것이다.

생물다양성 핫스팟 주민에게 소득을 보장할 재원은 어떻게 마련할
수 있을까? 자산이 부족한 것은 분명 아니다. 앤드루 세이어가 지적한
대로 전 세계 인구 가운데 1퍼센트가 전 세계에서 집합적으로 생산한
잉여의 대부분을 차지하고 있을 뿐 아니라 그 비중을 점점 더 높여
가고 있다. 그들이 차지한 부는 땀흘려 일해서 쌓은 것이 아니다.

7) Wilson, *The Future of Life*, 60.

배당금, 자본 이익, 이자, 지대 같은 금융 수단을 통해 쌓은 것이다.
게다가 그나마도 대부분 조세피난처에 숨겨져 있다.[8] 지난 50년
동안 전 지구의 부가 대량으로 상향 이동했다는 점을 감안하면
지금까지 이렇게 소수의 사람이 이렇게 다수의 사람에게 이렇게
많은 부를 빚진 적은 없었다고 해도 과언이 아니다. 공동의 부
가운데 일부를 환수하는 방법 중 하나는 제임스 토빈이 제안한
금융거래세를 부과하는 것이다. 토빈은 전 지구를 흘러다니면서
상위 1퍼센트의 사람들을 더 부유하게 만드는 투기 자본에 세금을
부과하자고 제안했다. 로빈후드세라고도 불리는 토빈세의 세율은
아주 경미하지만, 그 세율만으로도 수십억 달러의 세금을 걷을 수
있다. 이 세금으로 세계의 생물다양성과 핫스팟을 보존하는
사람들을 지원할 수 있다. 한편 토빈세를 통해 마련된 기금은
부유한 국가와 개발도상국 모두에서 재생에너지를 생산하는
인프라를 확산하는 데에도 기여할 것이다.

그러나 생물다양성 부채를 환수할 목적의 보편적 소득 보장 정책이
기존의 보존 사업을 대체해서는 안 된다. 보편적 소득 보장 정책은
환경정의 문제와 기후정의 문제를 멸종 위기를 둘러싼 논쟁의
장으로 끌어들이려는 노력의 일환으로 이해되어야 한다. 따라서
생물다양성 부채의 환수는 보존 난민의 발생을 억제하는 동시에
기존에 진행되고 있는 보존 사업을 확장할 것이다. 한편 야생복원론과

---

8) Andrew Sayer, *Why We Can't Afford the Rich*
(Chicago, IL: University of Chicago Press, 2015).

종복원론도 반자본주의 보존 운동에 동참할 수 있을 것이다.
다만 야생복원론과 종복원론에는 심각한 결함이 있기 때문에
생태 파괴의 역사를 감안해 조정할 필요가 있다. 예를 들어 글로벌
북반구에서 야생 복원 사업에 착수하려면 먼저 글로벌 남반구의
야생 보존 및 복원 노력에 지원을 아끼지 않겠다고 약속해야 한다.
글로벌 북반구의 채굴 산업이 플랜테이션 노예 노동에서 막바지로
치닫고 있는 토지 수탈에 이르는 만행을 자행해 글로벌 남반구를
황폐하게 만들었기 때문이다. 종복원론도 신중한 태도로 수용해야
한다. 예를 들어 유전적 다양성 상실이 위험 수준에 이른 생물종에게
멸종한 동물의 유전자 재도입을 시도하려면, 우선 기존 생물다양성을
보존하는 데 초점을 맞춰야 한다. 멸종하여 무덤 속으로 들어간
위풍당당한 대형동물의 부활에 초점을 맞춰서는 안 될 것이다.
특히 생물다양성이 위협받고 있는 핫스팟에서는 더욱 신중을
기해야 한다. 멸종을 막으려는 모든 노력은 글로벌 북반구 사람들과
생물다양성의 진정한 수호자인 글로벌 남반구 사람들이 환경을
중심으로 연대하여 벌이는 활동의 밑거름이 되어야 한다. 그렇게
되어야만 멸종을 막으려는 투쟁이 글로벌 북반구와 글로벌 남반구
사이의 용서와 화해를 촉진하는 계기가 되고 글로벌 남반구가
500년에 걸쳐 자행된 식민 제국주의의 생태 파괴를 딛고 다시
일어서는 계기가 될 수 있을 것이다.

현재의 경제 및 사회 체계는 무책임한 데다가 파멸적이며 자멸적인
확장을 토대로 이루어져 있다. 따라서 지구 전체의 생물다양성을
보존하려는 투쟁은 현재의 경제 사회 체계에 맞서는 더 너른 투쟁의

일환이 되어야 한다. 앞서 살펴본 것처럼 자본주의의 토대는 무한한
성장이다. 덕분에 전 세계 생태계가 파괴되고 있다. 이를 막으려면
글로벌 북반구에 자리 잡은 부유한 국가들이 목표를 **탈성장**으로
바뀌어야 한다. 그러기 위해 가장 중요한 것은 화석연료를 태워서
이득을 누린 국가들이 탄소 배출을 급격하게 줄이는 것이다. 그렇지
않으면 혼돈에 빠진 기후를 바로잡을 수 없을 것이고 멸종 위기에
몰린 육상 생명체 대부분을 구할 수 없을 것이다. 신자유주의자들이
기후 위기에 대응하기 위해 내세우는 탄소거래제와 지구 공학 같은
해결책은 잘못된 해결책일 뿐 아니라 실용성도 떨어진다. 반자본주의
운동은 글로벌공공재연구소Global Commons Institute가 제안한 수렴 및
축소 접근법을 관철하기 위해 나서야 한다.[9] 글로벌공공재연구소는
모든 국가의 탄소 배출 수준을 인구에 비례해 고정하되(수렴)
지구 전체 차원에서 지속 가능한 수준까지 배출을 줄이도록(축소)
유도하자고 제안한다. 예를 들어 세계 인구 중 미국 인구는
5퍼센트에 불과하다. 따라서 미국은 지구 전체가 지속 가능할 수
있는 배출량의 5퍼센트만 배출해야 한다. 이와 같은 조치가
실현된다면 반제국주의가 실현되었다고 해도 과언이 아닐 것이다.
왜냐하면 현재 미국에서 배출하는 탄소량이 지구 전체 배출량의
25퍼센트를 차지하기 때문이다.

미국 같은 국가를 통제하는 힘 있는 개인과 막강한 기업이 자신들을
떠받치고 있는 낭비적인 체계를 과감하게 축소하자는 조치를

9) Global Commons Institute 웹사이트(http://www.gci.org.uk/)를 참고하라.

순순히 받아들일 리 만무하다. 따라서 글로벌공공재연구소가
제안한 조치를 관철하기 위해 끊임없이 투쟁해야 한다. 그들이
움켜쥐고 있는 권력을 조금이라도 빼앗기 전에 지구가 먼저 파괴되고
말 것이라는 증거가 이미 차고 넘치는 상황이다. 대형 화석연료
기업인 엑손을 예로 들어 보자. 지난 25년 동안 엑손은 기후 변화는
없다고 부정하는 세력을 지원해 왔다. 그러나 **엑손이 고용한 과학자들**
조차 화석연료를 태우는 일이 지속 불가능한 환경 조건을 창출하고
있다는 증거를 내미는 상황이다.[10] 솔직히 말해 엑손의 태도는
인류를 겨냥한 범죄에 해당한다. 엑손 같이 파괴적인 기업과는
협상하지 말고 자산을 몰수해야 한다. 엑손이 보유한 자산 대부분은
화석연료 매장지의 형태를 띠고 있다. 환경 재앙을 막으려면 엑손이
보유한 화석연료 매장지를 몰수한 뒤 사용을 중단해야 한다. 나머지
몰수 자산은 재생에너지를 생산해 탄소 배출을 빠르게 줄이는
일에 사용해야 한다. 이와 같은 행보는 현재 세계를 지배하고 있는
지속 불가능한 자본주의 체계의 전환을 시도하는 더 폭넓은 기획의
밑거름이 되어야 한다. 새로운 체계는 평등과 환경정의라는 원칙을
바탕으로 건설되어 평형을 유지하는 사회가 되어야 할 것이다.

오늘날 대부분의 언론, 정당, 억압적인 국가 권력은 부자들의
손아귀에 들어가 있다. 따라서 앞서 언급한 혁명적인 조치들이

10) Sara Jerving, Katie Jennings, Masako Melissa Hirsch and Susanne Rust,
"What Exxon Knew About the Earth's Melting Artic," *Los Angeles Times*
(9 October 2015), http://graphics.latimes.com/exxon-arctic/
[2021년 4월 26일 현재 접속 가능.]

실현 불가능한 것처럼 보일지 모른다. 그러나 현실에 굴복하여
희망을 잃어버리고 가능성을 놓아 버리기에는 상황이 너무나도
절박하다. 자본주의의 최종 위기는 단순한 전망이 아니라 현실이다.
위기는 연쇄적으로 일어나는 흉포한 폭풍처럼 지구를 휩쓸어 버릴
것이다. 과학자들은 유례없는 기후 격변이 열대 지역에 자리 잡고
있는 탈식민지 국가들을 가장 먼저 덮칠 것이라고 말한다. 안타깝게도
현재 탈식민지 국가들은 수십 년에 걸친 구조조정으로 인해
인프라가 약해지고 궁핍에 시달리면서 내부의 결속이 크게 훼손된
상태다.[11] 기후 변화는 이미 갈등을 촉발하고 있다. 시리아 내전은
사회 전체를 초토화시켰다. 난민 수백만 명이 발생했고 피난처
제공을 거부한 유럽 국가에서 오갈 데 없는 신세가 된 사람들도
수천 명에 이른다.[12] 글로벌 남반구가 가장 먼저 그리고 가장 큰
타격을 받는다고 해서 나머지 세계가 안전한 것은 아니다. 혼돈에
빠진 기후는 세계 전체를 휩쓸 것이다. 크리스천 퍼렌티는 기후
변화가 몰고 올 폭풍을 피할 피난처는 없다고 주장했다.[13] 지금과
같은 방식으로 계속 기업을 운영한다면 신석기 혁명 이후 인간이
누려 온 기본적인 기후 조건이 더욱 파격적으로 교란될 것이다.
손 놓고 있다가는 파멸하기 딱 좋다. 현존하는 동물, 식물, 인간이

11) Camilo Mora et. al., "The Projected Timing of Climate Departure
from Recent Variability," *Nature* (9 October 2013).

12) Peter H. Gleick, "Water, Drought, Climate Change, and Conflict in Syria,"
Weather, Climate, and Society 6.3 (July 2014), 331–340.

13) Parenti, *Tropic of Chaos*.

앞으로도 계속 존재할 수 있는 환경을 유지하려면 기후 위기의
근본 조건을 전환해야 한다. 즉, 여섯 번째 대멸종을 부추기는
지속 불가능한 자본주의 체계를 바꿔야 한다. 진정한 보존은 결국
철저한 보존뿐이다.

6 나가며

우는토끼는 작은 생물이다.

귀여운 포유류로, 햄스터와 비슷하게 생겼다.

우는토끼는 동아시아, 중동, 북아메리카의

바위투성이 산비탈에 서식한다.

연구자들은 아메리카 우는토끼의 멸종률이

지난 10년 사이 거의 다섯 배 높아졌다고 보고한다.[1]

우는토끼는 차가운 고산지대 환경에서 서식한다.

기후 변화로 인해 서식지 기온이 더 높아지는 바람에

이들은 더 높은 지대로 올라가고 있는 중이다.

우는토끼의 서식지 고도 상승 비율은 지난 10년 사이

약 여덟 배 높아졌다. 결국 우는토끼가 산꼭대기에 도착하는

날이 올 것이다. 더이상 올라갈 곳이 없어지면,

우는토끼는 지구온난화를 피해 도망칠 수조차 없게 될 것이다.

우는토끼의 필사적인 탈출은 현재 지구의 동물과 식물이

맞닥뜨린 가슴 아픈 현실을 적나라하게 보여준다.

기후 변화가 직접적인 원인이 되어 멸종 위기에 처한

첫 번째 포유류인 우는토끼는 지표종이다.

인간이 야기한 기후 변화로 인해 서식지 파괴와 멸종은

이미 재앙적인 수준에 이르러 있다. 그리고 우는토끼를 통해

그 강도가 더 높아지고 있음을 확인할 수 있다.

1) Erik A. Beever, Chris Ray, Jenifer L. Wilkening, Peter F. Brussard, Philip W. Mote,
"Contemporary climate change alters the pace and drivers of extinction"
Global Change Biology, 2011; DOI: 10.1111/j.1365-2486.2010.02389.x

하필이면 작디작은 우는토끼의 운명에 관심을 가져야 하는가?
왜 멸종 위기에 몰린 식물이나 동물을 문제로 삼는가? 멸종이 무슨
문제인가? 다른 위기도 많은데? 도시를 파괴할 정도로 위력적인
허리케인 같은 환경 재앙을 더 걱정해야 하지 않을까? 우선 순수하게
공리주의적 관점에서 이 질문에 답해 보자. 인간 주변의 식물과
동물은 인간이 마시는 산소를 합성하고 인간이 내뱉는 이산화탄소를
소비한다. 또한 그들은 인간이 섭취하는 식량을 생산하고 식량
생산에 필요한 토양을 비옥하게 만든다. 인간이 죽은 뒤 인간의
육체가 흙으로 돌아갈 수 있는 것도 모두 그들 덕분이다.[2] 대부분의
인간 문화는 생물종이 서로 깊이 의존하고 있다는 사실을 인지하고
존중해 왔다. 그러나 지난 500년 동안 세계를 지배해 온 자본주의
체계는 강탈을 토대로 번영을 누려 왔다. 멸종이라는 관점에서 볼 때
자본주의 경제 체계와 자본주의 문화는 자신이 걸어가는 길 위의
모든 것을 소멸시키는 존재다.

그러나 공리주의적 관점이 아니더라도 멸종에 관심을 가져야 하는
이유를 얼마든지 설명할 수 있다. 모든 생물종과 생태계는 지구에서
살아가는 모든 생명의 풍요로움과 아름다움에 서로서로 기여한다.
각 생물종은 고유하다. 영향력이 점차 커지고 있는 지구법 또는
야생법에 따르면 각 생물종은 생명의 그물망을 구성하는 필수
요소이다. 따라서 모든 생물종은 각자의 존재를 인정받고 존중받을

2) Broswimmer, 7.

권리가 있다.[3] 어느 생물종이나 어느 생태계라도 일단 파괴되면
다시는 되돌릴 수 없다. 여섯 번째 대멸종이라는 거대한 파괴의
물결이 휩쓰는 사이 지구뿐 아니라 인간마저 급격하게 빈곤해지고
있다. 인간 주변의 무언가가 사라진다면 인간도 피해를 입기
때문이다. 인간은 수천 년에 걸쳐 다른 생물종을 대량으로 파괴해
왔다. 어떻게 보면 그 능력은 인간에게 내려진 저주일지도 모른다.
예를 들어 큰 반향을 불러온 《여섯 번째 대멸종》에서 엘리자베스
콜버트는 위기를 초래한 힘도 인간의 창조력이고, 지구를 구원할
힘도 인간의 창조력이라고 기록한 바 있다. "상징과 기호를 사용해
자연 세계를 표현할 수 있게 된 인간은 세계를 극한의 너머로 몰고
갔다."[4] 콜버트의 주장에는 분명 일리가 있다. 앞서 살펴본 것처럼
호모 사피엔스는 언어 덕분에 치명적인 사냥 집단을 조직할 수
있었다. 그리고 그 덕분에 플라이스토세 말기 세계 전역에서
대형동물을 멸종시킬 수 있었다. 그러나 그 이후 대부분의 시기에
인간 문화는 인간을 둘러싼 동식물과 비교적 조화롭게 생활하는
법을 터득하게 되었다. 근대 자본주의 시대로 접어들면서 지구
전역에서 발생한 멸종 사례에 비하면 지난 수천 년 동안 발생한
멸종 사례는 멸종 축에도 낄 수 없다는 사실에 주목해야 한다.
자본주의가 여섯 번째 대멸종을 주도한 장본인임을 이해한다면
인간이 자연 세계를 파괴하는 본성을 지닌 존재라는 심히 우울한

3) Cormac Cullinan, *Wild Law: A Manifesto For Earth Justice* (New York: Chelsea Green, 2011). [국역: 박태현 옮김, 《야생의 법-지구법 선언》, 로도스, 2016.]

4) Kolbert, 266.

생각을 떨쳐 버릴 수 있을 것이다.

자본주의에 반대하는 입장을 가지면 모두가 생태 파괴범은 아니라는
사실도 깨달을 수 있다. 앞서 살펴본 것처럼 지난 500년 동안
자본주의는 인클로저, 제국주의, 전쟁, 생태 파괴를 자행해 왔다.
그 과정에서 극소수는 이익을 누렸지만 수없이 많은 사람, 동물,
식물은 살던 곳에서 쫓겨나고 궁핍해졌으며 노예가 되고 목숨을
잃어야 했다. 따라서 자연 파괴에 대한 책임을 모든 인간에게 똑같은
수준으로 물어서는 안 된다. 물론 콜버트의 입장은 조금 다르다.
"인간이 다른 동물에게 얼마나 위험한 존재인지 알고 싶으면 AK-47로
무장한 아프리카의 밀렵꾼이나 아마존에서 도끼로 나무를 베는
벌목꾼을 떠올리면 된다. 독서를 하고 있는 본인의 모습도 예외는
아니다."[5] 모두를 공히 심판대 위에 세우는 콜버트의 언급은 역사적인
측면에서 부정확하고 정치적인 측면에서 무력하다. 모두에게
책임을 돌리는 관점은 착취와 생태 파괴를 유발하는 구조적인 힘을
전혀 설명하지 못한다. 또한 구조적인 힘에 내몰린 존재들이 자신들의
장기적인 이익에 반대되는 것을 알면서도 그렇게 행동할 수밖에
없는 이유도 설명하지 못한다. 프란츠 파농은 구조적인 힘에 내몰린
존재들을 "대지의 저주받은 자들"이라고 칭한 바 있다. 콜버트는
비교적 부유한 글로벌 북반구에 사는 사람들이 대지의 저주받은
자들과 연대할 가능성도 전혀 고려하지 않는다. 콜버트의 입장이
맞다면 우리에게 희망이란 없다.

세계는 망해도 자본주의는 망하지 않을 것이라는 말이 있다.[6]
이 암울한 시대의 경구에 자본주의가 종식되면 멸종 위기도 해결될
것이라고 답하고자 한다. 자본주의가 멸종의 궁극적인 원인이자
멸종 위기를 심화시키는 주요 원동력이라면, 가능한 모든 수단을
동원해 자본주의라는 해로운 힘에 맞서야 한다. 그렇지 않으면
희망이란 없을 것이다. 자본주의는 영원한 것이 아니다. 자본주의는
역사적으로 특정한 경제적 상황과 특정한 사회적 가치의 집합을
토대로 성립한 특정한 경제 체계 중 하나에 불과하다. 자본주의는
비교적 최근에 세계라는 무대에 올라왔다. 그리고 어떤 방식으로든
결국 무대에서 퇴장하게 될 것이다. 그러므로 자본주의가 어떻게
끝나야 하는지 생각해야 한다. 반자본주의는 무수히 많은 유익한
기획과 해방적인 기획을 제안하고 실행에 옮길 수 있다.

최근 나오미 클라인이 주장한 대로 기후 위기는 새로운 사회에 대한
수많은 새로운 실험과 흥미로운 비전을 촉발하고 있다.[7] 그러나
클라인은 더 근본적인 사실을 지적한다. 바로 현재의 경제 체계가
지구의 생명을 지원하는 체계를 파괴하고 있고, 그 사실을 기후
과학이 지극히 명확하게 밝히고 있다는 것이다. 인간은 지구의
생명을 지원하는 체계에 자신의 생명을 의존하고 있다. 따라서
기후 변화는 지난 20여 넌 동안 언급하기조차 어려웠던 주제를

---

6) Fredric Jameson, "Future City," *New Left Review* 21 (May–June 2003),
https://newleftreview.org/issues/ii21/articles/fredric-jameson-future-city
[2021년 4월 26일 현재 접속 가능.] [국역: 임경규 옮김,《정크스페이스 | 미래 도시》,
문학과지성사, 2020.]

7) Klein, *This Changes Everything.*

꺼내 논의하라는 명령이다. 그 명령에 따라 자본주의적 사회 관계의
급격한 전환에 대한 논의를 시작해야 할 것이다.

멸종 위기는 긴급한 전환을 요구한다. 클라인은 이 사실을 더
명확하게 설명한 바 있다. 지금보다 더 많은 이산화탄소가 대기
중에 집중되더라도, 지구에서 살아가는 대부분의 사람들은 이를
남의 일처럼 여기기 쉽다. 반면 지구의 동물과 식물의 숨통을
끊어 놓는 멸종의 물결은 인간의 상상력을 자극할 것이다. 인간이
지닌 가장 친숙한 능력이자 가장 잠재력이 높은 능력은 꿈을 꾸는
능력이다. 그리고 꿈을 꾸는 능력은 예로부터 인간의 주변에서
살아가는 동물과 식물의 다양성과 밀접하게 연관되어 있었다.[8]
심지어 "선진" 자본주의 문화에서조차 아이들의 공감 능력과 상상력을
북돋기 위해 동물 장난감을 쥐어 주고 《피터 래빗 이야기》를 들려준
다. 동물과 식물은 인간의 두려움, 희망, 위대한 사랑을 표현하는
상징이다. 그런데 자본주의는 인간이 속해 있는 아름다운 생명의
그물망에 생긴 구멍의 크기를 자꾸 키우고 있다. 그러는 사이 서로
다른 다차원적인 세계를 꿈꾸고 상상하는 인간의 능력은 심히
빈약해졌다. 흔적도 없이 사라진 모든 생물종은 지구 전체에 크나큰
손실이다. 사라진 생물종과 상호 연계되어 있는 많은 사람들은
생명에 위협을 받고 있는 형편이다. 흔적도 없이 사라진 모든
생물종이야말로 생태를 파괴하는 자본주의의 특징을 그 무엇보다
구체적으로 입증하는 증거다. 우리는 구제불능의 탐욕을 바탕으로

8) Broswimmer, 7.

성립되었고, 결국에는 궁핍해지고 말 자본주의라는 체계에 직면해
있다. 이에 맞서 더 정의롭고 생물학적으로 더 다양한 세계를
꿈꾸자. 그런 세계를 만들 수 있다는 자신감을 가지고
앞으로 나아가자.

Anker, Peder. *Imperial Ecology.* Cambridge,
MA: Harvard UniversityPress, 2009.

Arneil, Barbara. *John Locke and America: The Defense of English Colonialism.*
New York: Oxford University Press, 1996.

Beever, Erik A., Chris Ray, Jenifer L. Wilkening, Peter F. Brussard,
Philip W. Mote, "Contemporary climate change alters the pace and
drivers of extinction" *Global Change Biology,* 2011; DOI: 10.1111/j.1365-
2486.2010.02389.x.

Brashares, Justin S. et al. "Wildlife Decline and Social Conflict,"
Science 345.6195 (25 July 2014): 376–378.

Broswimmer, Franz J. Ecocide: *A Short History of the
Mass Extinction of Species.* New York: Pluto, 2002.

Carlin, Dr. Norman, Ilan Wurman, and Tamara Zakim,
"How To Permit Your Mammoth: Some Legal Implications of
'De-Extinction," *Stanford Environmental Law Journal* 33.3 (January 2014),
https://journals.law.stanford.edu/stanford-environmental-law-journalselj/
print/volume-33/number-1/how-permit-your-mammothsome-legal-
implications-de-extinction.

Carrington, Damian. "Earth Has Lost Half Its Wildlife in the Past
Forty Years, WWF Says," *The Guardian* (30 September 2014),
http://www.theguardian.com/environment/2014/sep/29/earthlost-50-
wildlife-in-40-years-wwf.

Chakrabarty, Dipesh. "The Climate of History," *Critical Inquiry 35* (Winter 2009), 197–222.

Christy, Brian. "Ivory Worship," *National Geographic* (October 2012), https://www.nationalgeographic.com/magazine/article/blood-ivory.

Church, George and Ed Regis. *Regenesis: How Synthetic Biology Will Reinvent Nature and Ourselves.* New York: Basic Books, 2012.

Cohen, Mark Nathan. *The Food Crisis in Prehistory: Overpopulation and the Origins of Agriculture.* New Haven, CT: Yale University Press, 1977.

Columbus, Christopher. *Select Letters of Christopher Columbus,* R. S. Major, trans. and ed.. London: Hakluyt Society, 1870.

Cooper, Melinda. *Life as Surplus: Biotechnology and Capitalism in the Neoliberal Era.* Seattle, WA: University of Washington Press, 2008.

Cronon, William. "The Trouble with Wilderness; or, Getting Back to the Wrong Nature," in William Cronon, ed., *Uncommon Ground: Rethinking the Human Place in Nature.* New York: W. W. Norton & Co., 1995, 69–90.

Crosby, Alfred. *The Columbian Exchange: Biological and Cultural Consequences of 1492.* New York: Praeger, 2003.

Crutzen, Paul. "The Geology of Mankind," *Nature* 415.6867 (2002), 23.

Cullinan, Cormac. *Wild Law: A Manifesto for Earth Justice*.
New York: Chelsea Green, 2011.

Dell'Amore, Christine. "Beloved African Elephant Killed for Ivory,"
National Geographic (16 June 2014),
http://news.nationalgeographic.com/news/2014/06/140616-
elephants-tusker-satao-poachers-killed-animals-africascience/.

Dirzo, Rodolfo. "Defaunation in the Anthropocene,"
Science 345.6195 (25 July 2014): 401–406.

Donlan, Josh. "De-extinction in a Crisis Discipline,"
Frontiers of Biogeography 6.1 (2014), 25–28.
— "Lions and Cheetahs and Elephants, Oh My!" *Slate* (August 18, 2005),
http://www.slate.com/articles/health_and_science/
science/2005/08/lions_and_cheetahs_and_elephants_oh_my.html.

Dunbar-Ortiz, Roxanne. *An Indigenous People's History of the
United States*. New York: Beacon, 2014.

Federici, Silvia. *Caliban and the Witch: Women, the Body, and Primitive
Accumulation*. New York: Autonomedia, 2004.

Ferguson, Brian R. "Ten Points on War," *Social Analysis,* 52.2
(Summer 2008), 32–49.

Fischer, Steven Roger. *History of Writing.* New York: Reaktion Books, 2004.

Global Justice Ecology Project, *The Green Shock Doctrine* (12 May 2014), http://globaljusticeecology.org/green-shock-doctrine/.

Grainger, Sally, ed., *Apicius: A Critical Edition.*
New York: Prospect Books, 2006.

Grove, Richard. *Green Imperialism: Colonial Expansion, Tropical Island Edens, and the Origins of Environmentalism, 1600–1860.* New York:
Cambridge University Press, 1996.

Guha, Ranajit and Juan Martinez-Alier, *Varieties of Environmentalism: Essays North and South.* London: Earthscan, 1997.

Haraway, Donna. *When Species Meet.* Minneapolis:
University of Minnesota Press, 2007.

Hardt, Michael and Antonio Negri. *Commonwealth.* Cambridge,
MA: Belknap Press, 2011.

Harrison, Robert Pogue. *Forests: The Shadow of Civilization.*
Chicago, IL: University of Chicago Press, 1992.

Harvey, David. *Seventeen Contradictions and the End of Capitalism.*
New York: Oxford University Press, 2014.
— *The Enigma of Capital.* New York: Oxford University Press, 2010.
— *The New Imperialism.* New York: Oxford University Press, 2003.

Heise, Ursula. "Lost Dogs, Last Birds, and Listed Species: Cultures of Extinction," *Configurations* 18.1–2 (Winter 2010), 49–72.

Hughes, J. Donald. *Environmental Problems of the Greeks and Romans: Ecology in the Ancient Mediterranean.* Baltimore, MD: Johns Hopkins University Press, 2014.
— "Ripples in Clio's Pond: Rome's Decline and Fall: Ecological Mistakes?" *Capitalism, Nature, Socialism* 8.2 (June 1997), 117–21.

Jameson, Fredric. "Future City," *New Left Review* 21 (May-June 2003), http://newlereview.org/II/21/fredric-jameson-future-city.

Klein, Naomi. *The Shock Doctrine: The Rise of Disaster Capitalism.* New York: Picador, 2008.
— *This Changes Everything: Capitalism vs. The Climate.* New York: Simon and Schuster, 2014.

Kolbert, Elizabeth. "Recall of the Wild: The Quest to Engineer a World Before Humans," *The New Yorker* (24 December 2012), http://www.newyorker.com/magazine/2012/12/24/recall-of-the-wild.
— "Save the Elephants," *New Yorker* (7 July 2014), http://www.newyorker.com/magazine/2014/07/07/save-the-elephants.
— *The Sixth Extinction: An Unnatural History.* New York: Henry Holt, 2014.

Kovel, Joel. *The Enemy of Nature: The End of Capitalism or the End of the World.* New York: Zed, 2007.

Lascher, John. "If You Plant Dierent Trees in the Forest,
Is It Still the Same Forest?" *The Guardian* (19 October 2014),
http://www.theguardian.com/vital-signs/2014/oct/19/-sp-forests-nature-
conservancy-climate-changeadaptation-minnesota-north-woods.

Liberti, Stefano. *Land Grabbing: Journeys in the New Colonialism.*
New York: Verso, 2014.

Lilley, Sasha, David McNally, and Eddie Yuen, *Catastrophism:
The Apocalyptic Politics of Collapse and Rebirth.* New York: PM Press, 2012.

Locke, John. *Second Treatise on Government,* Chapter 5: Of Property.
http://www.constitution.org/jl/2ndtr05.htm.

MacKinnon, J. B. *The Once and Future World: Nature As It Was, As It Is,
As It Could Be.* New York: Houghton Miffin Harcourt, 2013.

Martin, Paul S. *Twilight of the Mammoths: Ice Age Extinctions
and the Rewilding of America.* Berkeley, CA: University of California Press, 2005.

Merchant, Carolyn, *The Death of Nature: Women, Ecology,
and the Scientific Revolution.* New York: HarperOne, 1990.

Monbiot, George. "A Manifesto For Rewilding the World,"
http://www.monbiot.com/2013/05/27/a-manifestofor-rewilding-the-world/.
— *Feral: Searching for Enchantment on the Frontiers of Rewilding.*
New York: Allen Lane, 2013.

Moore, Jason. "Anthropocene or Capitalocene?"
http://jasonwmoore.wordpress.com/2013/05/13/anthropocene-or-capitalocene/.

Nixon, Rob. "Environmentalism and Postcolonialism," in Ania Loomba and
Suvir Kaul, eds., *Postcolonial Studies and Beyond.* Durham, NC: Duke University
Press, 2005), 233–51.

O'Connor, James. *Natural Causes: Essays in Ecological Marxism.*
New York: Guilford Press, 1997.

Parenti, Christian. *Tropics of Chaos: Climate Change
and the New Geography of Violence.* New York: Nation Books, 2012.

Parr, Adrian. *The Wrath of Capital: Neoliberalism and Climate Change Politics.*
Columbia University Press, 2014.

Ponting, Clive. *A Green History of the World: The Environment
and the Collapse of Great Civilizations.* NY: Penguin, 1991.

Prigogine, Ilya and Isabelle Stengers, *Order Out of Chaos:
Man's New Dialogue With Nature.* New York: Bantam, 1984.

"Regulate Synthetic Biology Now: 194 Countries," *SynBio Watch*
(20 October 2014), http://www.synbiowatch.org/2014/10/regulate-synthetic-
biology-now-194-countries/.

Revkin, Andrew. "Confronting the Anthropocene," *New York Times*
(11 May 2011), http://dotearth.blogs.nytimes.com/
2011/05/11/confronting-the-anthropocene/?_php=true&_type=blogs&_r=0.
Rewilding Europe at http://www.rewildingeurope.com/.

Rich, Nathaniel. "The Mammoth Cometh," *New York Times Magazine* (27 February 2014), http://www.nytimes.com/2014/03/02/magazine/the-mammoth-cometh.html.

Richards, John F. *The World Hunt: An Environmental History of the Commodification of Animals*. Berkeley, CA: University of California Press, 2014.

Roberts, Neil. *The Holocene: An Environmental History.* New York: Basil Blackwell, 1992.

Ross, Andrew. *Creditocracy and the Case for Debt Refusal.* New York: OR Books, 2014.

Ruddiman, William F. "The anthropogenic greenhouse era began thousands of years ago". *Climatic Change* 61.3 (2003): 261–293.

Sanders, Barry. *The Green Zone: The Environmental Costs of Militarism.* Oakland, CA: AK Press, 2009.

Scientific American Editors. "Why Efforts To Bring Extinct Species Back from the Dead Miss the Point," *Scientific American* 308.6 (14 May 2013), http://www.scientificamerican.com/article/why-efforts-bring-extinct-species-back-from-dead-miss-point/.

Seddon, Philip et al., "Reversing Defaunation: Restoring Species in a Changing World," *Science* 345.6195 (2014): 406–412.

Shiva, Vandana. *Monocultures of the Mind: Biodiversity, Biotechnology, and Agriculture*. New Delhi: Zed Press, 1993.

— *Stolen Harvest: The Hijacking of the Global Food Supply.* Boston, MA: South End Press, 2000.
— *The Violence of the Green Revolution: Third World Agriculture, Ecology, and Politics.* New York: Zed Books, 1992.

Shiva, Vandana and Ingunn Moser, eds., *Biopolitics: A Feminist and Ecological Reader on Biotechnology.* Atlantic Highlands, NJ: Zed, 1995.

Smith, Adam, *The Wealth of Nations.* New York: Bantam Classic, 2003.

Solnit, Rebecca. *Savage Dreams: A Journey in the Hidden Wars of the American West.* San Francisco: Sierra Club, 1994.

Thacker, Eugene. *The Global Genome: Biotechnology, Politics, and Culture.* Cambridge, MA: MIT Press, 2005.

The Rewilding Institute at http://rewilding.org/rewildit/.

van Dooren, Toom. *Flight Ways: Life and Loss at the Edge of Extinction.* New York: Columbia University Press, 2014.

Veltmeyer , Henry and James Petras, eds., *The New Extractivism: A Post-Neoliberal Development Model or Imperialism of the 21st Century.* New York: Zed Books, 2014.

Vidal, John. "How the Kalahari Bushmen and Other Tribespeople Are Being Evicted to Make Way for 'Wilderness,'" *The Guardian* (15 November 2014), http://www.theguardian.com/world/2014/nov/16/kalahari-bushmen-evicted-wilderness.

Vigneri, Sacha. "Vanishing Fauna," *Science* 345.6195 (25 July 2014): 393–395.

Watts, Jonathan. "Ecuador Approves Yasuni National Park Oil Drilling in Amazon Forest," *The Guardian* (16 August 2013), http://www.theguardian.com/world/2013/aug/16/ecuador-approves-yasuni-amazon-oildrilling.

Williams, Eric. *Capitalism and Slavery*. Charlotte, NC: University of North Carolina Press, 1994.

Wilson, Edward O. *The Future of Life*. New York: Knopf, 2004.

WWF, *Living Planet Report* 2014, http://wwf.panda.org/about_our_earth/all_publications/living_planet_report/.

Zierler, David. *The Invention of Ecocide: Agent Orange, Vietnam, and the Scientists Who Changed the Way We Think About the Environment.* Athens, GA: University of Georgia Press, 2001.

Zimov, Sergey. "Pleistocene Park: Return of the Mammoth's Ecosystem," *Science* 308.5723 (6 May 2005), 796–798.

감사의 글

열정적으로 꾸준히 작업을 지원해 준
앤 맥클린톡과 롭 닉슨에게 깊이 감사드립니다.
수십 년 전 두 분을 만나 때로는 조언자로 때로는 친구로
함께할 수 있었던 것은 나에게 큰 행운이었습니다.

목가적인 분위기에서 사색하면서 글을 쓸 수 있도록 지원해 준
블루 마운틴 센터에도 깊은 감사 인사를 드립니다.
그곳은 이 책을 처음 떠올린 곳이기도 합니다.

버클리 대학교에서 연구할 수 있는 기회를 제공해 주신
콜린 라이에게 감사드립니다.
이 책의 대부분이 버클리 대학교에서 연구하던 시기에 작성되었습니다.

이 책을 쓰는 동안 지원을 아끼지 않은 사라 힐데브란트와
스테파노 모렐로에게 무엇보다 큰 감사를 드립니다.

에디 유엔에게도 큰 빚을 졌습니다.
에디와 나눈 자본주의 및 멸종에 대한 대화가 이 책의 발단이 되었습니다.
책 내용 중 근사한 내용은 모두 에디와 나눈 대화와 관련이 있을 것입니다.
물론 책 내용에 오류가 있다면 그건 분명 저의 잘못입니다.

출판사 OR북스의 콜린 로빈슨에게도 감사를 드립니다.
로빈슨의 사려 깊은 편집과 열정적인 지원 덕분에
이 책이 세상의 빛을 보게 되었습니다.
작업에 참여한 OR북스의 모든 직원에게도 감사드립니다.

마지막으로 마니예 모라디안이 나눠준 변함없는 애정과 지혜에 감사드립니다.
덕분에 이 책을 쓰는 동안 행복했고 한 뼘 더 성장할 수 있었습니다.

옮긴이의 말

이 책을 보고 있다면, 이미 "멸종"에 관심이 있다는 의미일 것이다.
각종 매체를 통해 익숙하거나 낯선 생물의 생존 위기를 접하면서
위기감이 구체화되었을 수도 있고,
코로나 바이러스가 전 지구를 휩쓰는 오늘날,
인간의 생존마저 위협받을 수 있음을,
각종 매체를 통해서가 아닌 피부로 직접 느껴서일 수도 있을 것이다.
        지구상 생물종의 수는 알려진 것만 따져도 어마어마하고,
알려지지 않은 것은 헤아릴 수조차 없으며,
사라지는 생물종의 수도 결코 적지 않다.
그런데 이 책은 멸종을 다룬 책 치고는 너무 작고 얇다.
내용이 부실한 것 아닐까?
        그럴 리 없다고 생각한다.
책이 작고 얇다는 말이 곧 내용이 가볍고 얕다는 의미는 아닐 테니까.

이 책은 현재 이뤄지는 멸종 논의를 정리하고(1장),
멸종의 역사를 소개하며(2장),
오늘날의 사회 체계와 멸종의 관계를 다룬다(3장).
멸종에 대한 인식이 높아진 오늘날 실제로 이루어지고 있는
문제 해결 노력을 안내하고(4장),
그 노력들이 지닌 한계를 지적한다(5장).
마지막으로 문제를 제대로 해결하려면 해야 할 일을 제시한다(6장).

　　보기보다 속이 알차게 느껴질 것이다.

　　멀게는 북극의 북극곰부터 가깝게는 키우는 애완동물까지,
크게는 코끼리부터 작게는 눈에 보이지 않는 미생물까지,
지상과 지하, 강과 바다, 창공 등 장소에 관계없이 우리별 지구에 깃들어 사는
온갖 생물종, 심지어 인간까지. 모든 생명은 그 자체로 소중하다.
그리고 보이지 않는 손이 아니라 보이지 않는 커다란 그물망으로
연계되어 있다.

　　이제 막 멸종에 관심을 가지게 되었든, 이미 멸종에 대해
많이 알고 있든 관계없이 이 작고 얇은 책이 나름대로 어떤 의미로
독자에게 다가가기를 바란다.

번역된 원고는 갈고 다듬어야 빛을 발하는 원석이나 다름없다.
한 권의 어엿한 책이 되기까지 거치는 각 과정마다 손길을 보탠 모든 분의
노고에 감사드린다. 그렇더라도 아직 책에 남아 있는 오류가 있다면
그것은 이 책을 여러분보다 먼저 정독한 독자인 저의 잘못일 것이다.
혹시 눈에 띈다면 너그러운 이해를 구한다.

　　2021년 4월 26일
　　추선영